Mœbius 90

L'invitation au voyage

SOMMAIRE

Mœbius   **90**

LES THÈMES À VENIR

- LES EAUX, sous la direction de *Geneviève Robitaille*
- LE TRAVAIL, sous la direction de *Guy Perreault*
- LA QV 2002
- POUR UNE CHANSON,
  le numéro de nos **25 ans** de fondation.

À vous de jouer!

L'invitation au voyage

*Je réponds ordinairement à ceux qui me
demandent raison de mes voyages: que je sais bien
ce que je fuis, mais non ce que je cherche.*

Michel de Montaigne

D'entrée de jeu, je reconnaîtrai que les motifs derrière le choix de ce thème sont d'ordre biographique. Enfant, souvenirs des premiers voyages avec les parents. Écolière, déjà le goût du déplacement autant dans le temps: l'intérêt pour l'histoire, que dans l'espace: l'intérêt pour la géographie. Citadine habitant le quartier Park Extension, refuge de générations successives d'émigrants, où nous étions les seuls enfants francophones de la rue. Voyages au quotidien qui ont imprégné le corps, tête et cœur de souvenirs indélébiles. Donnant leur couleur aux autres souvenirs qui s'ajouteront, palimpsestes, mais dont l'adhérence ne sera plus que superposition. Gommant les contours précis comme la forme et les traits atténués de ces statuettes arrondies du bouddha, estompés sous les couches superposées des petites feuilles d'or déposées par les pèlerins.

De manière prévisible, ce numéro ne traitera pas du tourisme extrême, dernier avatar d'une «industrie culturelle». Ni de mouvement de masse ni d'exploration au sens scientifique, politique et ultimement colonisateur. À peine y sera-t-il question de vacances. Ou peut-être d'exil, de fuite, d'itinérance.

Il s'agira plutôt de textes allant à l'intime, voyageant au creux des âmes, à travers les souvenirs, les désirs et les sensations. Rites de passage, mouvements fluides, mais aussi parfois trajectoires se heurtant à l'obstacle des massacres, des morts, des totalitarismes. Référence à l'écriture et aux écrivains avec pour figure emblématique: Rimbaud. Référence à la vie, aux amours changeantes. Référence à la mort comme dernier voyage (dernière aventure?). Sous forme de carnets ou de récits, références enfin aux déplacements dans des lieux parfois exotiques, parfois familiers.

Entre autres dans ce «Grand Tour», des images nous parviendront d'Afrique: Namibie, Rwanda, Tunisie, Turquie et Abyssinie (toujours Rimbaud…), mais également d'Europe à travers ses cartes postales: Paris, Bruges, Barcelone, Rome, Venise, Vienne, etc. L'album comportera aussi des «épreuves» moins léchées de Medellín et des îles Falkland ainsi que des «polaroïd» de l'Amérique du Nord: New York, Vermont et, bien sûr, Montréal et sa banlieue. L'Océanie restera à découvrir en d'autres pages…

Selon un explorateur arabe du 14e siècle, l'homme ne devrait jamais voyager plus vite qu'un chameau, à moins qu'il ne laisse son âme derrière lui. Cet espace accordé à la lenteur sera aménagé dans certains textes qui, à contre-pied pour ainsi dire, feront l'éloge de la sédentarité pour reprendre les termes de Jean-Claude Brochu.

Parce que l'écriture est pour qui la fréquente une incitation au voyage, la réponse à mon invitation à participer à ce numéro aura été unanime, enthousiaste et immédiate. Me reste donc à vous souhaiter, dans la jubilation et la joie du départ anticipé, d'entrer dans ces textes comme en un compartiment de train en partance pour une destination inconnue, et d'effectuer le plus beau des voyages!

En lecture! *All aboard!*

Lysanne Langevin

CLAUDE BEAUSOLEIL

Fleurs d'encre

Je sortis dans la ville sans fin. Ô fatigué! Noyé
dans la nuit sourde et dans la fuite du bonheur.
C'était comme une nuit d'hiver…

Arthur Rimbaud, *Les déserts de l'amour*

Le voyage s'incarne sans littoral ailleurs incisif
et dans les sources à vif un inventaire s'écrit
du silence il connaît les gouffres les accords
et dans les suites sans fin il raconte sa vie
à ceux-là qui comme lui se perdent et jouent
les allures d'un réel à jamais envahi de fleurs
d'encre aux parfums profanant les lieux
d'où les mots se rassemblent entre les chaos
les usures et les flancs d'un ciel de vertiges
quand l'autre prend le pas des semelles de vent

Le voyage est alors ainsi raconté à nu:

Un homme né au nord des méandres du sens
décide de quitter son deuil et ses parcours

froid d'hiver ô amour écoute la tendresse d'un invisible
passage donner sens au vertige

tu pars
tu vas

visage rivage ce qui vient tout bouge rougissant
au seuil des déroutes les images hivernales tombent

insondables de blancheur quel tableau quel jardin
imitant ces histoires fougueuses à raconter la nuit

froidure et merveilles en un désert au loin
aux sons d'Abyssinie intuitions provocantes

sous les signes se meurent à la présence offerts
corps aux tracés graphiques moulages de fleurs

encrés sous les mots en rupture s'élançant
magistrale promesse à même le silence

le périple des pleurs séchés par ces déserts
en parade conduit à cette plus haute rage

à prédire de revivre les souffrances majeures
en des maux insoumis profanant les stupeurs

et j'écris que ton nom se perd à l'infini
que les fleurs sont des gouffres en folie

des départs fulgurants si fragiles
en lutte dans les tourmentes exilées

tu fuis
tu danses

toi de l'Abyssinie révolté tu transmets
l'abandon et le pas d'âmes irrésolues

tu brandis que tu veux oublier les servages
les domesticités les ardeurs rabattues

sur des terres de brume entre le chant du coq
et les lunes meurtries d'angélus de neige

tu insinues que les matières follement oniriques
transmettent l'abandon de techniques en chantier

loin de ces dictionnaires aux visages sévères
que la langue du froid cerne la corruption

normativement l'écho de tes sauvageries
ne donne aucune chance à la bêtise tu l'écris

ce serment de ne faire aucune concession
et de faire de la vie un cri de poésie

feu de chant transgressé aux fièvres des hivers
sol vert du nouveau monde accueil féerie

essaim noir de mouches fulminantes roussies
aux remparts de minuit l'hiver s'enorgueillit

de dentelles givrées pendues sous les arcades
de la place centrale où solitaire tu rôdes A.R.

tu voyages à rebours
dans les arcs du sens

fantôme inconsolé des fleurs montent la garde
des soupirs de nuits entre les routes du nord

et aux vents du midi tu redis que demain
est un deuil lumineux un ciel de pur pollen

de tout ce qu'elle touche la poésie fait feu
inventant des brasiers noirs de mélancolie

qui atteignent le frimas de pleurs aux cadences
enneigées sous le gel d'une vérité translucide

les jours de bonne brume ces fleurs couvrent le ciel
au dégel des humeurs et des parfums impurs

la tourbe attentive aux rugissements d'insectes
murmure les assauts des poèmes que Verlaine

a laissés sur ta peau près des fleurs fanées
bien avant les luttes et les morsures acides

tu jettes tes forêts au brouillard et tu pars
tu vas ailleurs en toi au bout du monde errer

tu sais cela tu dis qu'en éveil tu quittes
et l'Europe et la mer et les routes de terre

tu vois l'impossible
des retours fous

et tu sais que les mots sont des linceuls tragiques
fous rires emportés par les grincements du vent

tu dis sous la pluie que tu ne verrras plus l'hiver
la glace autour des feux et le gel des émotions

la perte du regret plus caché que la saison
tu regardes la pluie sombrant dans ce désert

que des rafales rameutent sans souci du printemps
en des fossés de boue brune t'inspirant des poèmes

tu les conçois dans les bras de cette fin de jour
tu reviens de très loin tu parles bas et peu

ton âme est un rosier aux épines de feu
tu marches lumineux un homme te tend la main

tu lui tends un poème la nuit viendra demain
après le chaud midi des embrasements sonores

tu jettes les ciels bruyants au hasard des départs
ports du sud gares du nord et autres inventions

les langues imitant ton esprit sculptent le silence
une science vertigineuse en retranscrit les échos

tu clames ici
que d'autres lieux sont nécessaires

une image impensable traverse les arceaux
des rumeurs tactiques donnent leur âme aux chiens

tout au bout du chemin où plus rien n'existe
que ce ciel vertigineux dont les feuillages blancs

racontent qu'un poète est passé par là
qu'il avait froid qu'il chantonnait je crois

la Meuse a déversé ses pluies grisâtres
des herbes se penchent tordues près du lavoir

ton collège et la vie en latin dans l'air de pierre
entre les silhouettes se dressent sans harmonie

tu vas plus avant dans Charleville revoir
sensible les échoppes et rues qui te mènent

au hasard pur produit du temps que l'hiver habite
tu fuis l'ennui terrestre jusqu'au parjure s'il le faut

tu iras errant enténébré dans une fugue haute rigueur
rauque enfant démis investi de la fonction de rêver

tu déplaces les âges
d'une alliance fragile

tu fuis l'idiotie des autres tu prends congé allons
Arthur comment fais-tu pour encore résister

aux frontières maladives touchant tout ce qui vit
allons comment Arthur as-tu pu raviner l'ennui

jusqu'à l'éloigner de la vie et de tes rêveries
gardant pour tes soirs noirs la beauté de tes chants

tu ne triches pas tu pars tu dis ne plus avoir à dire
tu dis les choses vont la mémoire est une comète

les transactions le temps la sécheresse le vent
le désert et surtout ces longs hivers de là-bas

de chez vous tu diras qu'ils ne te manquent pas
tu ne triches pas tu fabules inventeur oublies-tu

Arthur petit voyou des brises rampantes du nord
Arthur révolté voyageur ô ennemi de l'usure

tu traces sur la carte
des méandres sonores

toi qui viens de la nuit tu connais les arts d'éveil
d'autres horribles travailleurs épris de ton silence

reprendront les éclats de ces beautés précises
rêves visions cercles neufs bruissements légers

dont tu parlais avant de tout laisser au vent
toi l'enfant aux yeux clairs des nouveaux univers

être fier figurant sans limite d'une vie de légende
entre terre et fiction resurgissant peau brunie

gestes incompris rêveur cartographe de la nuit
partir tu répercutes ce mot dans la gare déserte

ton délire parvenu jusqu'aux étoiles noires
que le ciel d'hiver rend étranges inventées

tu notes en des carnets
la perte et le feu

de Marseille tu refais l'impossible voyage
le nord impavide harcèle tes délires cassants

vierge fille curieux fils des routes toi l'autre
dans les sacs de semence des cuisines humides

les terres rectilignes t'inquiètent face à la mort
dans ce port du soleil offert à tous les chemins

d'une pleine éternité tu rêves halluciné
des rivages réinventent ta voix sur une épaule

tes crises enfantines et ta rage incomprise
le regard agrandi tu attends la morsure

tu entres au commerce
des âmes illicites

quitte les naufrages du continent déchu
devin déchu la vie est ton avenir

fleurs d'encre évanouies dans l'indigeste trouble
ta voix crible l'aube de vocables séraphiques

d'espoirs et de refrains hirsutes effrénés
sans vengeance solitaire tu vas laisser ton sort

et reprendre la mer vers d'augustes Floride
maléfices inventés aux parfums d'utopie

submergeant l'hôpital et ses arcs de pierre
un soleil irréel irradie de bénédictions

hiver nomade d'artiste un siècle en flèche tranche
ce choix des parapets annulés en deuil

petits négoces sous l'abjecte réalité
le quartier du poème est malfamé et noir

tu brûles les étapes
éclair d'excès

on y accède par des bouches fumantes
des ors et des fusils y rutilent en silence

fabulation démente qui raconte ce qui a été dit
ailleurs dans les engelures d'un commencement

tu te dresses unique à savoir que la vie
à profusion inonde déferlante obsédée

tous les lieux de mépris qu'elle éconduit
insolente aux sépulcres des autres tâches

le temps architecture les notations d'étoiles
de ces feuillets d'âme que tu maîtrises damné

vent rempart d'argile anniversaire obscur
tu fêtes les souffles que les plantes recueillent

jaillissant d'encre neuve désarmé sous le choc
forme claire et complexe le jour vient par ta voix

formidable aboyeur qui aux forces du poème
rend un tribut d'airain et fuit en s'en foutant

le découragement non certainement pas quoi
quand l'hiver guide ta main et que le bock est plein

tu tournes les pages
d'un objet délivré

dans la salle des rires retroussent les misères
d'instinct tu scrutes les efforts du mystère

tu commandes du pain blond de la bière et tu rêves
rien ne t'empêchera d'être celui qui passe

rempli d'idées qui tournent sous les fumées du nord
Arthur Rimbaud dit-on est un jeune homme bon

son poème parle franc on l'entend en Afrique
il traverse les eaux et jusqu'en Amérique

il porte les fleurs obscures d'une vision
buvant généreuse à la beauté des dieux

tu parles en ton nom propre Rimbaud Arthur
mais on croirait que pour tous tu parles de feu

tu dis le mot gare
tu dis le mot nuit

idéal essentiel inscrivant à la lettre
la passion du lointain et de sa traversée

dont les fleurs quand la nuit se rapproche
des corps endoloris couvent sous la lune

entre les pages blêmes de ce qui est peut-être
ô le dernier poème décoché à l'univers

le sais-tu que le sort t'a gardé pour les fièvres
le sais-tu quand tu dors que tes fleurs sont offertes

encens vanille huile parfumée ronces haies buissons
poussière d'insecte blessé nu dans un bouquet strident

près du port sur une ferme au milieu des marchands
la terre éclaire ta voix ta poitrine et son rythme

tu remets tes vêtements et pour l'éternité
comment ne pas être en émoi quand tes mots

touchent nos bouches comment ne pas relier
le ciel et tes dangers d'ange sans concession

exigeant du poème qu'il illumine la vie
la change la redonne lettre vive de feu

jusque dans la chute ivre la beauté
accompagne ta voix et prescrit l'urgence

je relis cette lettre d'il y a quelques années
les fleurs sur le nom fanent immaculées

tu transformes les sanglots
d'amours continentales

et la seule pensée de revoir cet ami
dont les poèmes impressionnent ta vie

laisse d'entre tes mots s'écouler une musique
par laquelle intraduisible se transforme la nuit

s'y retrouvent tes haleurs aux forces passionnées
c'est l'envers du temps qui gagne ta vie qui va

envers neuf envers l'autre qui imagine
des littoraux ô fleurs d'encre ô récits

tu conçois l'océan de liaisons lucides
et tu prends dans tes bras ceux des autres proscrits

Son journal s'est perdu ses lettres restent introuvables il ne contemple de lui-même que des échos brûlés à même le sel des eaux des déserts et des heures dans le plus pur des gestes il n'a pas insisté il est allé plus loin car pourquoi vivre ici pourquoi vivre sans suite et sans mélancolie il faut travailler aux horribles stupeurs travailler à faire de l'or la perte l'indicible il y a des oracles pour ceux qui dans le sens ont permis des écartèlements telluriques ce qui se dit de cela ne peut être que la route cette incertaine issue ce sérail cette pente au détour sans voix comme tout ce qui nous guette erre forme la science d'une langue offerte aux tumultes et aux creux des autres ces inconnus et il a raconté que dans sa lointaine retraite il ne souffrait plus du tourment de poésie c'est ainsi il l'a dit à sa mère à sa sœur à d'autres rares amis plus jamais la poésie et pourtant il demande des livres de géographie il demande des instruments pour poursuivre la route il demande mais se tait au sujet de ce qu'il a déjà avec tant de vigueur annoncé et prédit il se tait lui l'homme de poésie au sujet justement du mot poésie de la réalité qui serait un absolu transfiguré de poésie il se tait homme du nord qui raconte que ce qui est inscrit est de l'ordre du littéral du mystère de la vie il a écrit au sujet d'une malle que son père avait laissée au seuil du silence il a vécu l'envers des découvertes et désormais se tient serein au bord du regard bleu sans attendre du monde un doute miroitant ou pire le moindre acquiescement solitaire amant du large ami de Charleville et des soirs de pleine vie

Lysanne Langevin

Papillonnements en Imaginaire

Des mots et des choses

Il existe des noms et des lieux qui excitent l'esprit et les sens aussitôt animés et fugueurs pour étancher la soif d'un ailleurs: mer de Marmara, mer des Sargasses et Bosphore lointain. Des titres, œuvres réelles ou fictives: Océan mer, Hôtel Univers, Au coin de la rue, l'aventure, Le passant du bout du monde, Ruelle Océan, Grand Hôtel des étrangers, voire même... Tristes tropiques, qui constituent autant de clefs, de portes ouvertes donnant sur des couloirs en enfilade, sur d'autres titres et d'autres récits de voyage toujours inédits: Compartiment de seconde, En route pour Dachau, Le pickpocket, Un train d'enfer, Un train non identifié, Un train pour Tombouctou, Un train pour...

Au-delà de ces titres, des titres imaginaires, des histoires promises. Histoires velléitaires, comme de petites pierres blanches amassées en prévision de les abandonner sournoisement, derrière soi, afin de retrouver le chemin du retour alors qu'on hésite encore à partir.

Destination inconnue

Comme du bétail, on nous entasse. Sardines huileuses dont émane une odeur rance. Et déjà la chaleur apesantit l'atmosphère du compartiment. Une moiteur se dégage. La climatisation pas encore en marche, on décompte les passagers. Les chiffres ne coïncident pas. Désolés et merci de votre compréhension, nous devrons recommencer l'embarquement. Serrés, entassés. Derrière, on tousse à fendre l'âme et le poumon. Pas de nouvelles. Bonnes nouvelles? Les employés s'affairent à une invisible besogne. Aucun mouvement. Nous ne décollerons pas. Plus loin un Concorde s'élève... et retombe au sol dans une explosion.

Park Ex

Il fait chaud. Bien sûr qu'il fait chaud. Nous sommes en ville et c'est l'été. Je descends de l'autobus, gare Jean-Talon, à la périphérie d'un immense parc qu'on a paysagé. Ici, c'est inutile. Quartier dépaysé. Anglais, Grecs, puis Arméniens, puis Pakistanais. À chaque cohorte, sa terre de pauvreté, ses échoués de misère. Depuis bien longtemps la petite pharmacie Leduc a cédé sa place au Fish'n'Chip puis au MacDo. Mais toujours les façades plates, sans autre relief qu'un jeu de briques parfois relevé du panneau de fibre de verre couleur turquoise autant que possible pour faire contraste avec les beiges, les bruns, le drabe. Je sors donc pour attaquer rue Birnam le marchand de bonbons, arrêt obligatoire après le terminus. Suprême récompense de l'écolière devenue voyageuse. Trois boules noires pour une cenne… justifiant le long périple…

Titres et images à faire rêver comme l'exploration d'une carte géographique déployée sur la table. Titres de textes vus, lus, reçus et qui déclenchent à nouveau, rien que d'y penser, la joie du départ anticipé, le désir, le départ, le désir, le départ…

Face à la mer des Sargasses (cette image qui reflue), une femme loge à l'Hôtel du Grand-Miroir sis à la croisée de l'avenue Océan et du boulevard de l'Ailleurs.

Ou encore…

Hôtel des voyageurs. Dans la moiteur et la torpeur de la journée, atténuées par l'harmattan qui souffle bien au-delà du Bosphore et de la mer de Marmara, un parfum flotte de façon diffuse et constante…

Des titres et des mots sonores qui réveillent des images endormies à peine esquissées. Un goût qui persiste de voyager au-delà de l'espace et du temps et de fréquenter les auteurs familiers. Passeurs qui ainsi les forains de jadis, «foreigners» que l'Église réprouvait puisqu'ils outrepassaient les frontières et celles de leur autorité, me conduisent hors mon quotidien. Partie prenante de la longue cohorte des croisés, des pèlerins, des explorateurs, des compagnons du Tour de France, des romantiques, des congés payés et touristes à l'avenant, je partirai donc à la dérive, en écriture, comme on part à l'aventure.

Des auteurs tels des personnages

Me guident, le bras appuyé sur l'épaule, dans quelques-unes de mes pérégrinations, des compagnons d'armes, des complices; Ulysse, Don Quichotte, Alice au pays des merveilles, Gulliver, Marco Polo, Livingston, le Juif errant…

Me seront témoins, des auteurs, personnages, et personnes, parfois pusillanimes. D'abord, Joachim du Bellay pour lequel le départ, du reste, n'était qu'anticipation du retour: on oublie souvent de citer complètement le premier quatrain de son célèbre sonnet:

> *Heureux qui, comme Ulysse, a fait un beau voyage,*
> *Ou comme cestui-là qui conquit la toison,*
> *Et puis est retourné, plein d'usage et raison,*
> *Vivre entre ses parents le reste de son âge!*

Puis, des philosophes du 18ᵉ siècle, citoyens du monde faisant surtout l'aller-retour Londres-Paris et dont pourtant Diderot, grand animateur des Lumières, critiquera l'engouement pour le dépaysement: l'homme contemplatif, disait-il, est sédentaire et le voyageur est ignorant et menteur. Nul n'aura mieux voyagé que Baudelaire qui me somme d'aller, en usant d'une langue à lui étrangère: «Any where out of the world», alors que jeune homme il aura abrégé son seul véritable séjour «exotique», à l'île Maurice. Et derrière lui, Rimbaud, qui traîne ses «semelles de vent», tout occupé en Éthiopie à administrer et à trafiquer…

Qu'importera la dure réalité biographique, des auteurs m'auront permis de voyager. Et je pourrai poursuivre, plus près de moi, sur ce continent, au sud, je m'apprêterai à chasser avec Hemingway, à naviguer avec Conrad. Et puis, et puis…

Une multitude de textes et d'auteurs s'accumuleront qui me convieront à autant de fugues, autant d'exils velléitaires puisqu'on court le monde d'abord à la recherche de soi.

Mon ami Montaigne

Mais à tout prendre je choisirai, comme compagnon de route, Montaigne. Parce que c'était lui, parce que c'est moi. J'irai galoper avec ce grand voyageur.

Pour un voyage de santé, Michel de Montaigne, quittant sa maison le 12 juin 1580, n'y reviendra que 17 mois et 8 jours plus tard (à quelques jours près…). Le voyage en Italie sera interrompu après appel de ses concitoyens de Bordeaux le sollicitant comme maire. Il se gardera d'accepter l'offre jusqu'à l'«invitation» pressante d'Henri III… Dix ans après sa retraite, il remplira au mieux cette charge non convoitée, respecteux du devoir civique mais tout aussi convaincu qu'«il faut se prêter à autrui et ne se donner qu'à soi-même».

Montaigne tient un journal de voyage. Et dans ce *Journal de voyage en Italie,* en quelque sorte l'«arrière-boutique» du Troisième Livre de ses *Essais,* il se révèle touriste à la moderne; plus que le décor et le paysage, sa curiosité est excitée par les gens et leurs mœurs. Il me guide à travers les tractations du déplacement, imbroglios et imprévus, surprises et plaisirs. En «observateur participant», dirait-on de nos jours. Il me parlera de cette ville italienne dont il me faudra bien, un jour, goûter aux plaisirs rabelaisiens.

C'est précisément dans le Livre troisième que loge un chapitre consacré au voyage: le chapitre neuf intitulé «De la vanité». Prévoyant ma perplexité, Montaigne me rassure:

> «Les noms de mes chapitres n'en embrassent pas toujours la matière; souvent ils la dénotent seulement par quelque marque […] J'aime l'allure poétique, à sauts et à gambades. C'est un art, comme dit Platon, léger, volage, démoniacle [divin]. Il est des ouvrages en Plutarque où il oublie son thème, où le propos de son argument ne se trouve que par incident, tout étouffé en matière étrangère: voyez ses allures au Démon de Socrate. Ô Dieu, que ces gaillardes escapades, que cette variation a de beauté, et plus lorsque plus elle retire au nonchalant et fortuit! C'est l'indiligent lecteur qui perd mon sujet, non pas moi; il s'en trouvera toujours en un coin quelque mot qui ne laisse pas d'être bastant [suffisant], quoiqu'il soit serré. Je vais au change, indiscrètement et tumultuairement. Mon style et mon esprit vont vagabondant de même. Il faut avoir un peu de folie, qui ne veut avoir plus de sottise, disent et les préceptes de nos maîtres et encore plus leurs exemples[1].»

Lorsque Montaigne me parle de voyage, je comprends à le lire, qu'il n'y a pas plus introspectif que cette évasion vers l'extérieur. À la fois fenêtre sur le monde et miroir sur soi; le voyage me fait (me permettant encore ici de le paraphraser). De même la lecture, et plus encore celle des *Essais,* me fabrique. Comme on pourrait dire de la lecture en général qu'elle a permis l'élaboration de la notion occidentale du sujet: constituant en quelque sorte le «stade du miroir» de l'humanité. La notion de l'individu, me semble-t-il, se développe autour de l'époque de la Renaissance, justement à ce moment où la presse de Gutenberg permet la diffusion et l'accès à l'imprimé. Lecture solitaire et silencieuse, dénigrée par l'Église effarouchée par cette pensée du lecteur qui lui échappe loin des bruits et des prêches. Le lecteur soudain conscient de lui-même comme être distinct de Dieu et des institutions. Ici, Montaigne sera-t-il d'accord? Lui qui demeure profondément croyant et convaincu d'une vérité religieuse absolue. Peut-être me permettrai-je de supposer qu'il est chrétien parce que Français, par soumission aux règles communes puisque «chaque usage a sa raison».

À la lecture de ses *Essais,* ce qui me plaît (et bien au-delà du chapitre mentionné!), c'est sa lucidité, le scepticisme qu'il transporte avec lui, étranger aux autres mais aussi à lui-même. Juif errant de l'âme, bien au fait des soupçons qu'il suscite: il sait bien «qu'à le prendre à la lettre, ce plaisir de voyager porte témoignage d'inquiétude et d'irrésolution[2]».

Ironique à l'égard de son horreur du quotidien, il transformera sa quête en un éloge de la fuite: «C'est pitié d'être en lieu où tout ce que vous voyez vous embesogne et vous concerne, Et me semble jouir plus gaiement les plaisirs d'une maison étrangère, et y apporter le goût plus naïf[3]».

Montaigne, âme en quête. Humaniste pour lequel la relativité des valeurs sera doublée d'une certitude en l'homme. Toujours curieux de l'homme et émoustillé par la nouveauté. Éternel insatisfait en somme et qui pourtant ne boude pas son plaisir. Homme paradoxal dont la fréquentation ne se fera pas impunément. Ce diable d'homme m'invite à «papillonner» allègrement autour de lui-même et des autres comme il l'a déjà si bien fait durant le «voyage de [sa] vie». Et rapidement Montaigne, que je risquerais de prendre au sérieux, me corrige. Après tout, son neuvième chapitre ne s'intitule-t-il pas «De la vanité»? Et ne voilà-t-il pas qu'il discourt sur la vanité des beaux préceptes «et vanité toute la sagesse[4]». «Au rebours», il s'emploiera «à faire valoir, la vanité même et l'ânerie si elles [lui] apportent du plaisir, et [le] laisse aller après [ses] inclinations naturelles sans les contrôler de si près[5]».

> *«J'avais à dire que je veux mal à cette raison trouble-fête,*
> *et que ces projets extravagants qui travaillent la vie, et ces opi-*

nions si fines, si elles ont de la vérité, je la trouve trop chère et incommode[5]».

Ainsi, c'est par une pirouette sur lui-même qu'il illustre son tour du monde dans cette fin de chapitre où il m'apostrophe: «[…]tu es le scrutateur sans connaissance, le magistrat sans juridiction et, après tout, le badin de la farce.»

Miscellanées

En somme, cet ensemble de propos hétéroclites sur l'exil, sur l'errance, cet éparpillement sur le voyage, temps de méditation et d'introspection aménagés, ce retour sur des lieux et d'anciennes odeurs, au-delà du décalage horaire, ce rite de passage permet de se sentir autre et de se redéfinir. Pour un moment, redécouvrir l'intensité du quotidien. J'aime le voyage comme une leçon de géographie de l'imaginaire; une classe où je peux consulter l'atlas des émotions pour mieux établir ma carte d'identité.

---

1. *Les Essais,* éd. Arléa, 1992, p. 763.
2. *Op. cit.,* p. 758.
3. *Op. cit.,* p. 731.
4. *Op. cit.,* p. 758-9.
5. *Op. cit.,* p. 764.
6. *Loc. cit.,* p. 764.

Denise Desautels

Les noms propres

Aujourd'hui maman est morte.
Ou peut-être hier, je ne sais pas.
Albert Camus

1.

Elle aimait les voyages: les impressions, les photographies
et les souvenirs de voyage. D'ailleurs, elle a toujours aimé
se souvenir, toujours préféré le souvenir, j'allais écrire: le
regret, à l'événement lui-même. Comme si le présent,
objet perdu d'avance dont il ne lui serait jamais possible
de faire le deuil, elle le savait, n'avait été pour elle que
matière informe, insensée, inutilement vécue, inutilement
douloureuse, à laquelle seul le temps finirait un jour par
donner une vie autre, une part à la fois métamorphosable
et supportable d'existence. Un certain sens a posteriori.
Comme si devenu objectivement souvenir, l'événement
avait pu enfin se montrer tel qu'il était dès l'origine, sans
camouflage, c'est-à-dire pure mélancolie. Elle racontait ses
voyages, ou plutôt des bribes de voyages, avec cette conscience à fleur de peau qui suit inévitablement l'aveu, insistant, avec excès parfois, sur les noms propres, noms de
villes et de villages, de monuments et de musées, de rues,
de restaurants, de cafés, d'hôtels, les répétant, chaque fois
plus sonores, afin de les graver au fond de son crâne, refu-
sant, obstinée, leur effacement même passager de sa mémoire.

*

Car les noms propres, avec leur étrange texture dépaysante,
déliaient sa langue, la faisaient amoureuse et permettaient
ainsi l'avancée du souvenir, puis son lent déroulement,
ponctué d'hésitations et de reprises, de pirouettes et de
rêveries diverses sur le fil alangui de la conversation. Car
les noms propres étaient la voie d'accès à des événements
qu'on avait pu croire achevés à l'instant où l'avion, une

fin d'après-midi d'avril ou d'octobre, avait atterri à Mirabel, mais qui, en fait, s'étaient vite rassemblés, avant même l'ouverture des portes – pour les derniers venus s'entend – dans un coin de son cerveau. Dociles et muets, les événements, dans l'attente de leur premier surgissement. Qui ne tarderait pas à se produire, elle le savait. Puisque le présent, par définition, passe, que ses fragiles secondes ne s'attachent nulle part. À peine descendue de l'avion, elle se retrouvait toujours loin du dernier voyage, avec dans la bouche ce goût, qui chaque fois l'envoûtait, pour ces associations trop longtemps inédites, lui semblait-il, de voyelles et de consonnes, qui au moindre signe viendraient à sa rescousse.

Mardi, au lever du soleil, j'ai vu un ciel bleu, magnifique, et je me suis réjouie, comme si on voulait célébrer ton arrivée avec bonheur, et j'ai su que tu étais bien. [...]

Ta petite nièce Diane

2.

Ce mardi matin, 13 février, maman est morte depuis une dizaine d'heures environ, partie pour son ultime voyage, quand ma petite sœur d'enfance, la petite fille de la sœur de ma mère – celle qui a longtemps partagé ma vie, et ma maison, et ma chambre, dans ce passé inoubliable –, devenue grande et mère à son tour, choisit d'écrire à sa tante pour lui souhaiter bon voyage. À la manière d'une vraie petite fille, c'est d'ailleurs ce qu'elle dira deux jours plus tard dans la chapelle ardente, ses joues empourprées par le souvenir. Elle choisit volontairement les mots et la lettre, et ses doigts émus glissent sur le beau papier, parmi les empreintes de violet et de rose, elles-mêmes encerclées de photographies où l'on voit, chaque fois enlacées, la nièce – qui va grandissant de l'une à l'autre – et la tante. Cela m'émeut. Moi, l'enfant à la mère mélancolique, l'enfant marquée par cette tare héréditaire, devenue grande un jour bien malgré elle. Celle qui a pris l'habitude, à ce qu'on dit, de trouver les mots – certains agencements, du moins – qui font sens; celle qui voyage beaucoup, avec l'espoir de découvrir ailleurs un remède à sa mélancolie;

celle qui revient; celle qui repart et chaque fois revient, avec son lot d'images fortes et quelques noms propres qu'elle n'arrive pas facilement à retenir – quelque chose en elle résiste à cette mémoire; celle qui ne sait plus où s'arrête sa quête ni où commence le bout du monde et de son désir; celle qui, ailleurs ou ici, finit toujours par baigner dans ses larmes, elle n'y peut rien. *La femme qui pleure,* c'est elle, Jacques Doillon ne l'a pas inventée. Elle pleure comme on mange, comme on dort, par nécessité, par plaisir. Elle a pris très tôt l'habitude de vider ainsi son corps de ses monstres, voilà tout. Après, elle les observe, qui bougent, parfois se ruent les uns sur les autres, parfois se rassemblent, de connivence, autour de sa paume. Sans noms propres, encore anonymes, les petits monstres attendent, emmêlés aux phalanges gauches de cette femme soudain silencieuse, le moment de leur entrée dans le poème. Le temps passera tout près de la main. Puis les mots viendront, ramassés, un par un, près d'un cimetière ou d'un tombeau, ils avanceront sur la page comme sur un linceul, avec l'espoir qu'une certaine lumière advienne un jour. Que les monstres s'adoucissent devant elle.

Impossible de te joindre, aujourd'hui. Tu ne réponds pas. Pourtant c'est dimanche. D'ordinaire, à cette heure-là [...]. Ainsi tu ne réponds plus.

Françoise Ascal

3.

Plus jamais tu ne répondras. Plus jamais tu n'appelleras. Je reviendrai de voyage – car je reviens toujours, tu le sais –, sans que tu ne te sois inquiétée, sans ta voix faussement rassurante, ta voix dans laquelle se mêlaient curiosité, candeur et tristesse, ta voix qui, ces derniers temps, n'osait plus rien exiger de moi, *tu me raconteras tout... quand tu viendras.* Or, tu l'avais remarqué, je venais moins souvent, ces derniers temps, je me protégeais contre le retour toujours possible de nos vieilles habitudes. Mais ton *quand tu viendras* faisait resurgir en moi un regret inavouable, oui, rappelle-toi: le souvenir plutôt que le présent, le plus souvent intolérable. Intolérable, c'est mon mot et non le tien. J'ai souvent eu l'impression, lorsque j'allais te rendre visite plusieurs fois par semaine, que le temps ne passait pas – ses secondes s'alourdissaient –, que, si je n'étais pas sur mes gardes, tu pourrais me reprendre en toi; à mon insu, m'avaler. Chacun de tes mots voyageait si facilement en moi, rempli de cette douceur trouble contre laquelle je ne pouvais rien d'autre que le retrait. D'une certaine manière, je t'ai fuie, me faisant plus discrète au moment où ta vraie mort sournoisement avançait. Mais il y en avait eu tant d'autres, rappelle-toi, tant de morts à répétition qui nous tuaient à petit feu, toutes les deux. J'ai cru un jour – et cela m'a effrayée – que tu serais immortelle. Je me serai trompée. Ton ultime petit souffle, pourtant coupé des précédents par une longue minute, si volatil, a eu lieu. À quand remontait ton dernier voyage? J'ai oublié. Dix ans, quinze ans? Tu as vécu tant de morts et de résurrections depuis ce dernier atterrissage à Mirabel, une fin d'après-midi d'avril ou d'octobre, que j'ai tout oublié. Toi, tu t'en souviendrais. Il y a à peine deux semaines, tu t'en souvenais encore, et les noms propres continuaient au moindre signe de venir à ta rescousse. Oh! il est parfois arrivé que l'un d'entre eux t'offre un peu de résistance, mais il a toujours fini par céder. Moi, de mon côté, je te racontais San Francisco, Londres, Venise, Bergen, Bruxelles ou Strasbourg, souvent le lendemain de mon retour, en essayant d'en retenir quelques-uns de force pour ne pas te décevoir, pour te voir sourire, pour que d'anciens remontent, si réels, si vivants en toi. J'entrais ainsi, par le biais de certains noms propres, dans ce petit coin retrouvé de ta mémoire.

ANDRÉ BROCHU

Le dernier droit

I

Parti depuis un siècle
et plus, incapable de revenir au point
de la mémoire où les jours découpaient leurs arêtes fines
soulignées de lumière,
je vais, je pose encore un pas devant l'autre, j'avance
vers le début indéfini.
Pas de ciel, non, pas de ça!
J'avance, pousse ma machine matérielle de corps,
mon pantin d'os, mes pans de peau douce,
barbes, reliefs rouges, bleus, arcades,
arcatures et patatras. J'avance!
Je vais ainsi depuis tant d'aubes
que le soleil m'a cousu pleine peau, ventre et dos, l'et
    cetera
de la vieillesse.
J'avance vieux. Plus de cent ans, dit-il.
Il ne sait plus qui de je s'énonce en gros moi.
En vertu de quoi. Il
avance en traînant ses hardes
dont les poches bourrées de fulmicoton
crèvent comme un orage. Enfants, enfants,
venez au spectacle de cette existence qui luit,
sagesse labourée, patiente, yeux qui mordent la lueur
    limaciforme du jour, petits clins de tendresse au creux
    des coins,
sirops, inimitiés, toute une vie de vérité purulente,
crue! Venez! Il vous enseignera le vieux, le *vieux*
des choses. Il vous enseignera le vieux du jour
et le chemin râpé, où la vertu avance en ahanant. Avance
la vertu, à coups de bienséances, traversant l'aimable.
Hue, vieux! Le repos est au ciel,
une fois parvenu synchrone. Toutes les horloges
crieront leur cri de souris dans la gorge.

Hue donc! Voilà que se profile
le dernier droit, comme on dit par icitte, que s'enclenche
le dernier sprint. Il faudra grouiller
de la godasse. À cent et dix ans, plus ou moins,
plutôt plus que moins, cent dix années d'os-lumière
à se trimballer la matière dans les sentiers du gros vécu,
à grignoter effrontément les règnes végétaux et animaux
et puis les remettre pas dans l'état au plus creux des
    cuvettes,
cent dix années de pompage aspirant-foulant, respirant,
    forniquant,
une vraie vie de seigneur pauvre hère, d'extrémités
    bouchées,
que reste-t-il à vivre, à respirer, à avaler, à ahaner,
à prouver face aux étoiles ironiques qui ont vu tant
    d'éclipses, de disparitions d'âmes ingénues,
de morts en pleine lumière, le cadavre exultant,
de morts propres comme l'étincelle
imprévue
qui met le feu aux cendres,
que reste-t-il?
Rien, rien de bien net.
Rien que des traces d'air, de choses.
Du sel. Le sang en confettis
larmoyants qui pleuvent. Pleurent. Le vieux
se sent très à l'aise dans ça, dans le souvenir.
Un souvenir comme une grande tête de mémoire vide,
dévorée des anguilles. Les bons moments fuient partout.
Il y a aussi des morsures d'amour-propre,
des cris de damnation qui restent bloqués,
le goût de se donner aux rats pour qu'ils châtient.
Un coup, un coup parti!
Viens, vieux, dans le tonnerre des avenirs passés,
trépassés, viens visiter ta bonne conscience impayable
depuis toujours, forgée dans le métal
d'aurores catholiques puis étamée au long du siècle
où tous les rêves ont péri. Tu te dresseras lucide
dans ta vieille peau impitoyable, tu te feras
des sourires sans un chicot.

II

Et puis la paix,
la paix des âmes bleues.
La paix des sexes saignés
au bord des baquets de vieux bois. Lessivés sec.
Marche, maintenant, corps de potasse
qu'ébaubit le carrousel galactique,
le lait des amas. Marche, les yeux pointés
vers l'en-haut qui ne tombe pas,
qui se garde haut de cuisses au-dessus du désastre,
la croupe exhaussée vers le divin surtout.
L'hyper. Le capot-cosme. Sidéral! Va,
débris d'un siècle à peine, poussière d'homme
égarée parmi les roulures d'étoiles
et mange la satisfaction d'être né
parmi tant de patientes défaites, d'avoir
roulé ta bosse entre les chairs, entre
les générosités de tout un chacun plié, cassé en deux de
    colique, humain
jusqu'au fin du poil. Tu as connu hommes et femmes
fort midables, midables jusqu'au sacrifice espéré,
pleins de fosses, de trous noirs, d'éclats de vérité.
N'en parlons pas! Ils ont tant négocié,
trituré le contrat, grand rat qui sanguinole
entre leurs dents de plomb noires,
que te voilà reçu de la gent convenable
aux sourires qui s'échappent en petites souris, sans jeu
de mots, aux sourires avec des queues nues et striées aussi
    longues que le corps,
aussi capables de chicotements, d'entendus et de sous-
    entendus,
capables de tout avec agrément
quand tu marches les yeux levés haut en dedans
perdus
dans l'univers, sans queue ni dents
prêt à passer dans l'autre dimension de la vérité
sans marge ni couture, absolument.

Jean-Marc Desgent

Notes de voyage au Québec
en forme de guerre et de gélatine
(Les parents catholiques en proscriront
la lecture à leurs filles)

Il y a la vaste machine: voyage-machine, fuite-machine, peur-machine, deux cœurs égarés, anthropophages de l'histoire et cannibales des origines, deux cœurs pourris de langue française, un par-dessus l'autre, comme pour faire la valise, le sac kaki des soldats, des chevaliers de la réincarnation.

Avant le départ, il y a la machine-nausée (c'est mon ultime spiritualité) parce que c'est honteux de partir après les éclats de bombes et les mines très personnelles, parce que c'est honteux de mourir aussi facilement dans les mains de l'illimité, des démons fous ensevelis dans les carcasses nationales.

On voit des dragons dans les têtes.

Il y a la grande machine de course.

C'est comme ça quand nous tombent dessus beaucoup trop de choses qui prient.

Il y a aussi la petite machine du sexe bleu, veiné avec des nombres qui s'en échappent, qui se mêlent, qui se cachent, qui disparaissent dans la peau seule, qui pourront réapparaître dans les thèses-machines: sexe bleu dans la main coupée, encore à demi repliée, oubliée sur la banquette, devant, clou planté chez les monstres pour remplacer l'érection.

Les crânes qui sifflent sont des trains de militaires qui attendent, des avions, des chevaux de carrioles couronnés, sanglés, enfoncés dans le thorax du monde dans la divine comédie, dans la chasse-galerie.

Avec moi le chrétien qui évidemment parle la langue de Pascal et de Groulx, qui s'habille en petit écuyer qui sort son épée partout, avec la nuit des non-existants dans le vent.

Il y a la machine médiocre de l'homme qui transporte, en bagage consigné, jetés pêle-mêle, à la hâte, de la vie à la mort pressante, toutes sortes de bas impurs, de pieds traînés (un allant, l'autre venant), toutes sortes de membres qu'on appelait supérieurs (les clous et les épées qui ne servent plus), de cœurs au kilomètre pour la solidité de mon énergumène, toutes sortes de sangs qui tournent dans un vieux linge (qu'on appelle aussi un *véronique*), une image pour vivre encore cent ans, toutes sortes de spasmes, de machines de têtes qui parlent toujours.

Il a fallu visiter les lieux du bien et du mal, les verbes qui ne sont jamais ouverts, les grandes bibliothèques avec des paranormaux gris, amaigris, momies récentes.

Il a fallu que je sois à Marseille pour qu'on me passe au couteau, au Mexique pour qu'on me fasse monter et descendre des pyramides de carton fabriqué à Trois-Rivières.

Il a fallu que je sorte mon clou planté chez les bizarres pour trois jeunes filles étendues sur un lit ou allongées à l'heure du bain de la bête et de l'ange ou nues descendant un escalier.

Il y a la machine de départ dans la gare.

J'avais les enfants au milieu, à l'aube, pour mourir au soleil.

Ils finiront bientôt avec les terrifiés du réel, les dents cassées sur le pare-chocs des autobus.

Moi dans la mortalité des pauvres à Medellín dans les carbures.

Moi dans la valise morale éventrée pour vivre beaucoup.

Moi dans la chair des catholiques qui bougent dans l'esprit, les escamoteurs de langage et de dates, les faiseurs de tours qui émerveillent encore l'anus des fillettes et l'anus des photos au Rwanda.

Moi dans les dragons dans les têtes dans les corps.

Il y a la machine qui s'ébranle, le train roule enfin, avec les chiens-renifleurs qui passent et repassent sans arrêt.

Dans les bagages, des présences de barbares.

J'attends que ça meure parce que j'ai quelque chose de lointain à concevoir.

On ouvre les sacs à main, les compartiments personnels.
La puanteur est intolérable comme sur les chariots des hôpitaux.

Les débris d'homme marchent jusqu'au monde meilleur, jusqu'aux érotismes gothiques (les pointes dans le ciel).

Les débris humains, c'est infini, c'est tendre, ça va jusqu'aux élus, jusqu'à la médecine des croix, celles qui chantent dans la chorale des femmes dotées d'organes amoureux rétractables.

Je suis aujourd'hui, premières notes de voyage au Québec en forme de guerre et de gélatine, tout près des théologies du vide (un vrai monde pour ma haine).

Je fais le chemin des métamorphoses, celui qui ne mène pas aux immortels, au paradis des sacrifiés avec le cœur en moins, déposé sur la banquette, devant, couvert d'une fine dentelle que j'ai ramenée d'Europe d'ici (un vaste continent de sourds obéissant à la volonté de l'Un, un endroit charmant qui se trans-

forme en feu premier, puis en mer noire, puis en
terre réfléchie par les autres, puis en beau gaz hila-
rant pour mourir dans un camp).

J'ai constaté que ça se terminerait avec ma catastrophe patentée avec plusieurs neiges dehors avec les
raquettes de marche dans l'hypothalamus.

Il y a la machine-train, la machine-peur, la machine-
fuite, la machine-vite, la machine des paysages qui
ne se renouvellent jamais.

Je quitte pour la dimension que je saisis mal.

Mes enfants dorment, la cervelle blanche tombée sur
le pied des passagers.

Je trouve à penser plus près fabriquant la gloire éternelle des bétails qu'on amène boire.

On ne peut tout comprendre d'un homme et son
clou qui part (le temps d'une chasse) caché dans le
crâne d'un orignal qui monte.

France Théoret

Les apparatchiks vont à la mer Noire

Mathieu convoitait des tactiques, du concret, un aboutissement. Sa réputation se confirmait, il répondait à ce que le milieu attendait de lui. Depuis dix ans, des amis et des collègues suivaient sa vie intellectuelle. Année après année, les changements annoncés prenaient forme. Il n'avait pas les diplômes exigés par l'institution universitaire. Il avait été nommé professeur, soutenu par une réputation surenchérie qui le précédait dans les cercles intellectuels. Son parcours était atypique. Mathieu paraissait très jeune. Un peu partout, il était le plus jeune. Il s'amusait à révéler son âge. Il prenait maintenant l'habitude de se rajeunir, y compris sur les documents professionnels. Aussi le procédé lui servait-il à se dissocier d'anciens amis qu'il niait avoir fréquentés puisqu'il n'était pas de leur génération. Pour brouiller les pistes auprès d'ex-collègues, il faisait suivre son prénom d'une initiale, variait ses identités sociales et modifiait l'année de sa naissance. Être jeune, voilà ce qu'il recherchait par le camouflage de son année de naissance.

Il serait inutile d'analyser les motifs qui portaient Mathieu à soustraire quelques années de son âge réel.

Les spécialistes fabriquent des interprétations, ils sont rémunérés pour ce faire. Je suis en quête d'une vérité. Je doute arriver à une interprétation n'étant pas spécialiste, et y parvenir ne m'avancerait pas d'autant que Mathieu était sur le point d'adhérer à ce qu'il appelait une ligne politique élaborée sur les principes du marxisme-léninisme. À sa manière, il a été un spécialiste de l'interprétation. Je ne vise pas le degré d'abstraction qu'il atteignait dans l'art de l'interprétation. Si je réussis à éclairer une certaine logique factuelle, j'aurai progressé. J'aurai raconté une histoire. Savoir ce qui se passe et se rendre à l'évidence des faits prend un temps extraordinaire, si tant est qu'on puisse y parvenir.

Mathieu disait à tous: je suis le plus jeune professeur. Les exclamations de ses étudiants au premier jour de la rentrée enchaînaient sa réponse: oui, c'est moi, qu'il prononçait d'un air réjoui. Un corps d'adolescent, un long cou frêle et une figure imberbe. Sa voix trouble semblait sur le point de muer. Il marchait d'un pas léger, ondulait de la tête et des bras. Sa bouche entrouverte et ses yeux globuleux derrière des lunettes bon marché accroissaient l'impression qu'il allait intervenir dans la conversation. Il était jeune et intelligent, son esprit éveillé laissait pressentir l'imminence de sa parole. Ses amis et ses collègues, en sa présence, tenaient à soutenir leur réputation et la maturité de leur âge.

Ainsi, Mathieu avait le privilège de rompre le décorum et l'esprit sérieux des assemblées, des réunions ou des rencontres informelles, mais productives quant à la suite du travail intellectuel. Pour ceux qui le croisaient une première fois, une surprise les attendait. Le cabotinage de Mathieu avait une saveur ludique et archaïque. *Chou! Tchou! tchou! crinquer le backeux, badagne! la bagosse des grouillis-grouillis gloutons. Glouton moi-même!* Son langage créait un malaise. Les amis qui en avaient l'habitude proposaient la clôture de la réunion ou d'aller boire un verre. Tous se levaient. Mathieu poursuivait sur sa lancée, avec ou sans interlocuteur. *Tout ce qui monte culmine, étamine, églantine, pompe à steam...* Aucun ami ne lui demandait d'où venait ce langage, des mots tournés en calembour, des allusions à la vie ouvrière et des expressions orales d'une tradition autarcique. Les nouveaux venus percevaient le contraste entre son savoir ou, du moins, sa faculté d'intégrer les concepts dans ses interventions et les jeux de mots niais. Tous préféraient ne pas avoir entendu ce qu'ils prenaient pour des sottises, incapables de consentir à de semblables plaisanteries. Les amis, quant à eux, avaient été longtemps désorientés avant d'accepter que Mathieu s'amusait de ses origines modestes.

Depuis peu, il faisait valoir sa famille prolétaire. Ses facéties forgées d'emprunts linguistiques portaient l'empreinte de la chaîne de montage, des fonds de cour et des cuisines. Mathieu redevenait le plus jeune. Il avait le droit de s'amuser seul devant les autres. Il prenait une revanche sur les amis et les collègues qui entérinaient son solipsisme, lui accordaient une attention muette et respectueuse pour ses fantaisies. Il était si brillant. Il promettait de devenir l'un des théoriciens qui assumerait la transmission du savoir aux générations suivantes. Le jeune professeur avait assimilé les difficiles concepts des maîtres à penser. Il était admiré pour avoir réussi par ses multiples lectures à maîtriser des connaissances contemporaines, celles de l'avant-garde de la modernité. Il avait étudié, lu, pris des notes avec une assiduité et une constance exemplaires. Mathieu était dévoré par un amour de la connaissance et une imagination qui le portaient à découvrir d'importantes lectures avant ses collègues. La modernité avait pris un véritable essor, il était impensable que son développement ne rencontrât bientôt des apories. Mathieu y pensait, soutenu qu'il était par son propre mouvement. Il étudiait, il s'attablait devant ses livres et ses cahiers, privilégiait le silence que chacun autour de lui respectait. Depuis le commencement de ses études universitaires, il vivait la nuit. Il avait peaufiné des habitudes d'ordre qui s'accompagnaient de minuscules fantaisies. Il dessinait au stylo noir des personnages imaginaires à la façon d'Henri Michaux dont il couvrait les marges de ses feuilles de cartable. Il lui arrivait de découper un dessin mieux réussi et de le coller au mur devant sa table. Plus tard, il le jetait au panier, sans pour autant le remplacer le jour même. Il avait dit à un ami qu'il choisissait son meilleur dessin pour une exposition bien personnelle afin de ne pas perdre la main.

Mathieu exprimait sous le mode de la négation ses velléités artistiques. Artiste-peintre était l'une de ses identités, il n'osait dire l'une de ses fonctions sociales. Se dire un théoricien lui était habituel. Il était professeur, soit. Il le spécifiait chaque fois, il était un professeur-théoricien. Il rougissait de se dire artiste-peintre ou plasticien. S'il pouvait couvrir de dessins tous les murs de son antre studieux, ses travaux de peinture peu nombreux, exécutés durant la session où il avait suivi un cours aux Beaux-arts, n'avaient pas résisté à son autocritique. Il avait conservé une seule toile qui prenait une valeur symbolique démesurée. Il avait osé détruire son travail pictural. Il l'avait fait sans concession, persuadé qu'un artiste reste aussi un artisan, qu'il améliorerait sa technique et puiserait son inspiration à même ses connaissances acquises. Dix ans plus tard, il se questionnait sur son âge en relation avec sa pratique artistique. Ses courtes phrases allaient toutes dans le même sens. Il regrettait la destruction de ses toiles. Les très jeunes gens étaient des visionnaires, ils avaient une prescience, une intuition des mouvements artistiques à venir. La fin de l'adolescence créait les conditions intellectuelles favorables à l'avènement du nouveau en art. Partout ailleurs, Mathieu se percevait jeune et plein de promesses. Il n'admettait pas qu'en peinture, il n'aurait plus l'innocence de ses dix-neuf ans, l'intuition fougueuse et sûre de celui qui saisit les traits de son époque.

La justesse du regard en congruence avec l'époque n'était pas celle du théoricien, plutôt celle du peintre. Mathieu laissait dans l'ombre son identité d'artiste raté. Il tenait en suspens les rares amis intimes à qui il avait montré la toile et confié son cheminement. Les amis le persuadaient de son talent, surtout de ses capacités de discernement. Ils affirmaient que le savoir de Mathieu exhausserait la qualité de ses tableaux. Le futur artiste argumentait et se voyait en conflit avec le théoricien. Mathieu spéculait pour rassurer l'artiste qu'il avait l'intention d'être et conforter le théoricien dont l'université commençait à réclamer la rédaction d'une thèse qui aurait une envergure inédite, une portée internationale.

*

La parution d'un ouvrage éveilla son désir de laisser tomber sa carrière. Le livre s'intitulait: *Le génie adolescent.* Il l'avait feuilleté à la librairie. Il y était retourné, avait retiré le livre du rayon et lisait des passages. L'ami qui l'accompagnait prononça les mots délicieux que Mathieu n'avait plus l'occasion d'entendre: mais, c'est toi, le génie adolescent. Le concept de génie n'avait plus cours dans la modernité théorique. L'idée de génie avait vieilli, apparentée au romantisme du dix-neuvième siècle. À l'époque où il étudiait, Mathieu s'était habitué à être nommé *Jeune génie* par des camarades, une expression ironique, affectueuse et admirative. Son regard s'adoucissait alors, il disait que le génie n'existait pas. Les génies, assurait-il, avaient bénéficié de conjonctures exceptionnelles.

Depuis le début de sa carrière professorale, il n'avait plus entendu l'expression. L'essai qu'il avait entre les mains lui rappelait des moments privilégiés. L'ouvrage véhiculait probablement une théorie psychologique éculée. Mathieu conservait son sens critique, il avait en haute estime ses capacités de lecteur. La fréquentation quotidienne des livres depuis plusieurs années lui avait montré à décoder des expressions. Il savait que le livre ne lui apprendrait rien de nouveau.

Il plaça *Le génie adolescent* sur sa table de travail. Il parla à ses proches d'abandonner l'enseignement universitaire et de s'inscrire à l'École des beaux-arts afin d'étudier la peinture. Mathieu ne reçut aucun assentiment, un silence indifférent accueillit ses paroles qu'il voulait affirmées. Il perdit son habituelle ironie et la distance qu'il exerçait envers lui-même. Ses phrases, sur le mode indéfini, laissaient d'ordinaire le thème ouvert et sa parole n'hésitait pas, elle semblait en progression. Cette fois, il avait annoncé une décision qui fut sans écho.

Aucun membre de la famille ne revint sur son projet annoncé. À leur silence succéda l'oubli indifférent. Mathieu l'avait déjà démontré, il parvenait à ses fins et n'avait pas besoin d'approbation. Il avait la certitude d'être reconnu, il était une nouvelle autorité dans son domaine. Ses proches ignoraient quelle reconnaissance obtenait Mathieu dans les cercles universitaires. Ils avaient pris l'habitude de lui laisser entière liberté et tous respectaient son domaine dont ils ne connaissaient pas le premier mot. Mathieu rangea le livre dans sa bibliothèque et remit à plus tard son désir de peindre.

Sa décision fut sans lendemain. Le professeur avait déjà obtenu deux années de congé avec solde pour rédiger sa thèse. Il n'en avait rien fait, s'était appliqué à poursuivre une vie d'étudiant, avait renoué avec le calme des soirées sans fin. Il prit la résolution d'écrire au doyen une longue lettre où il expliquait sa situation personnelle et professionnelle. Il était encore le plus jeune professeur de son département. À ce titre, il lui avait été impossible d'obtenir un diplôme essentiel au regard de l'institution, toutefois une pure formalité à accomplir s'il recevait une année de congé avec traitement. Mathieu oubliait les années de congé dévolues aux mêmes fins. Il convaincrait le nouveau doyen avec la promesse écrite d'un éditeur intéressé à publier sa thèse. Il joignit l'original de la lettre de l'éditeur dont il conserva une copie. La lettre aussi anonyme que vague faisait mention d'une demande de publication de la part du professeur. Les mots n'engageaient pas l'éditeur et Mathieu savait cette lettre sans importance. Il lui fallait jouer le nom prestigieux des éditions et anticiper sur le rayonnement à venir pour l'institution universitaire.

La lettre de Mathieu reproduisait la langue de bois administrative en regard du seul élément qu'il tenait à rendre objectif, l'obtention de son doctorat. Autrement, il cherchait à persuader son supérieur du bien-fondé de sa requête. La lettre était étoffée, aucun mot archaïque n'apparaissait.

*

Mathieu dit à quelques amis son intention de recommencer à peindre. Sa parole n'eut pas d'écho. Il le dit à son ami d'enfance qui fut pragmatique: où trouveras-tu le temps? Mathieu parla d'un voyage nécessaire. Tout ce qu'avait été son existence jusqu'à maintenant n'était que leurre et beurre. La réalité froide perdrait sa primauté, l'art redeviendrait métaphore. Il oublierait sa sécurité. Il partirait et se détacherait des mesquineries qui l'obligeaient à mendier son dû. Ses tâches universitaires lui volaient ses énergies, son temps, son intelligence. Il errait et il le comprenait. Il recommencerait à partir de rien, consentirait à l'isolement et à l'anonymat de l'artiste.

Le futur peintre convoitait une renaissance. Il irait à la mer Noire. Mathieu parla à cet ami très cher de l'éloignement physique qui provoquerait des conditions de pensée tout autres. Il aspirait à redécouvrir l'art depuis les premières manifestations du formalisme russe. L'avant-garde formaliste actuelle s'essoufflait et ne progresserait pas sans un retour aux sources. Il fréquenterait les musées de Moscou et de Leningrad, ensuite il traverserait le pays en train du Nord au Sud, se rendrait en Krasnodar dans les environs de Sotchi où il séjournerait durant la saison estivale. Il louerait une datcha construite au début du vingtième siècle, si possible. Près de la mer Noire, il peindrait à nouveau. Il recommencerait, dit-il.

L'ami d'enfance n'osa pas contredire Mathieu. L'ami avait eu des velléités d'écrire, puis il avait étudié la sociologie reconnue à la fine pointe de toutes les sciences humaines. Il s'était recyclé en sociologie du tourisme depuis qu'il avait des responsabilités familiales. Il disait qu'il avait joué les bourgeois sans argent à l'époque où il écrivait des textes formalistes et se passionnait pour l'épistémologie de la sociologie, qu'il s'était orienté à l'aveuglette et que les années infructueuses avaient retardé son entrée dans l'enseignement universitaire.

L'ami disait à Mathieu qu'ils avaient prolongé leurs années d'adolescence et de jeunesse bien au-delà de celles de leurs camarades du quartier. Ils avaient joui des privilèges des fils de bourgeois malgré leurs pères ouvriers. Ils n'avaient pas été tenus de travailler à l'usine, pas même durant l'été. Ils avaient choisi leurs études, leur orientation, sans rendre de comptes. Ils n'avaient pas subi les pressions des familles bourgeoises à l'égard de leurs fils. Ils avaient disposé de la totalité de leurs bourses d'études, ce qui leur avaient permis l'acquisition d'une bibliothèque personnelle bien garnie. Mathieu écoutait l'ami sociologue. Son ami se rangeait. Il avait perdu le désir de se renouveler. Il était arrivé, parvenu.

L'ami précisa leur situation commune. Ils étaient peu nombreux les fils de manœuvres à bénéficier de longues études, moins nombreux encore à joindre les rangs des professeurs. L'ami aimait ces considérations sociales pour elles-mêmes, prémisses aux conclusions d'un autre discours qui n'avait pas lieu. Où l'ami voulait-il en venir lorsqu'il établissait un parallèle entre leurs parcours? Mathieu savait qu'ils avaient échappé au nivellement social, que des circonstances favorables avaient permis une ascension rapide. Il disait à l'ami n'avoir jamais imaginé obtenir un poste de professeur à vingt-cinq ans. Mathieu constatait le hasard heureux, le sort privilégié qui le distinguait de ses frères et de ses anciens camarades. Aussi, il déplorait ne plus avoir d'objets de désir. Il avait été comblé avant d'avoir esquissé un seul projet. La société lui avait octroyé trop tôt des privilèges.

Mathieu n'admettait pas que son vieil ami recherchât la stabilité. Les considérations sur leur bonne fortune le rendaient mélancolique. Il y avait trop d'aléas, trop d'impondérables, il en concevait de l'amertume. Mathieu informa son ami qu'il n'avait pas dit son dernier mot, qu'il allait bondir. Comme tout le monde, il s'accrochait à son poste une autre année. Il n'avait pas d'autre issue, mais il s'apprêtait au grand départ. Un professeur en sursis, voilà ce qu'il était.

Les deux amis s'éloignaient. Ils se reconnaissaient tant leurs traits personnels les avaient liés. Ils auraient pu se reconnaître par l'exercice de leur fonction de professeur. Pour le sociologue, des expériences semblables relevaient de paramètres communs et suffisaient d'ordinaire à établir des liens fondés sur un même langage. Qui avait trahi l'autre? La dérision avait été l'exutoire de l'ami. Il délaissait sa légèreté. L'ami cherchait à rassurer Mathieu, l'invitait à la pondération et à faire valoir ses prérogatives tout de même enviables.

Mathieu déprécia les professeurs et l'enseignement, fit un soliloque, tira la langue, ausculta son pouls, ensuite de sa voix éraillée et tremblante jura de mettre fin à son indétermination. Il se montrait enchaîné, possédé par la nécessité d'aboutir. Du vent, de l'esbroufe, il avait passé son temps à tuer le temps. Il détruisait ce qu'il avait aimé, les nuits studieuses, les heures sans fin consacrées à la lecture et à la transcription de passages importants. Il bouleverserait ses habitudes. Il lirait encore, il peindrait surtout.

La réalité était évanescente. Les repères dans l'espace et le temps s'estompaient. L'accumulation des jours allongeait un même rituel sans début ni fin. L'emprise des mots vidait le quotidien de toute substance. Le corps se machinait, objet séparé de l'intelligence, matière brute et molle d'où lui venait le sentiment d'être visqueux. La figure de Roquentin restait à l'horizon. Le personnage sartrien attirait, avait fait office de modèle négatif. Fuir Roquentin était un signe de santé mentale, l'unique signe devenu objet de sa volonté. Le refus d'une existence poisseuse ne suffisait pas, ne garantissait plus la santé mentale. Sa vie se délitait, il n'avait personne autour de lui, n'était encore parvenu à convaincre aucun de ses étudiants et de ses collègues du bien-fondé des études théoriques. Sa solitude, jamais remise en question, lui pesait et l'entraînait vers le bas, vers la régression visqueuse, la maladie et peut-être la souffrance. Il se désolait.

Il affirmait: si un homme avait quelque conscience ou intelligence, fuir la souffrance était un acte de première obligation. Mathieu prenait à témoin l'ami, ils s'étaient liés à une époque où chacun dans son antre avait découvert le surréalisme. Ils avaient créé des joutes verbales interminables à partir d'une même expression. Mathieu vantait leur capacité d'inventer leur langage. Lui-même avait su produire du nouveau, il ne s'enlisait pas comme maintenant. Lui-même reviendrait ce qu'il avait été sans les déviances majeures de ses contemporains. Mathieu ne cessait d'enseigner que le spontanéisme constituait l'erreur la plus criante de la peinture actuelle, que l'absence de la théorie et le refus de se mesurer à l'art international conduisaient à des impasses.

L'ami ne le reconnaissait plus. Il percevait que Mathieu se référait à leur passé commun, à leur évolution semblable, au prestige institutionnel qui faisait la sérénité de l'un et la désolation de l'autre. L'ami en convint, ils se rencontraient si peu souvent qu'il lui manquait des pièces de son histoire de vie pour comprendre son affliction et son agressivité. Mathieu pouvait peindre et enseigner, rien ne s'opposait à cela. Comme sociologue, il remarquait que des professeurs écrivaient, peignaient, jouaient un instrument de musique. Il supposait qu'ils seraient plus nombreux encore dans les années à venir. L'art se démocratisait au même titre que les études. Les professeurs issus d'un milieu bourgeois contestaient leur origine par la pratique artistique. Rien n'interdisait à Mathieu d'inventer sa propre marginalité en peinture. Mathieu était né dans une famille ouvrière, l'art n'aurait pas pour lui une fonction d'exutoire. Si tous les milieux aisés et instruits célébraient une certaine déviance, Mathieu serait une fois encore à l'avant-garde de nouvelles normes.

L'ami réconforta Mathieu. Il sera l'avant-garde parmi les professeurs qui osaient l'expression artistique. Il lui proposa la figure d'un Borduas qui réussira à maintenir ses liens avec l'institution. L'allusion à Borduas était flatteuse, mais peu recevable.

Mathieu s'étonnait de l'incompréhension de son ami qui avait manifesté des velléités d'écriture. Il le convaincrait de la nécessité d'une rupture institutionnelle prochaine, de son départ pour la mer Noire qui ne saurait

présager du futur. L'avenir réclamerait d'autres ruptures et
ce n'était pas la peine de les imaginer maintenant. La rupture inaugurale déplacerait sa perception de la peinture.
La mer Noire se situait aussi loin que possible de son
monde actuel. Il comptait y retracer la mémoire de
l'avant-garde russe, œuvrer à la manière d'un archéologue
en quête des motifs qui ont guidé les plasticiens à rapprocher la révolution de l'art et la révolution sociale. Ces
artistes ont pratiqué un art objectif. La connaissance des
racines du formalisme le mènerait vers une archéologie
de la peinture. Strate par strate, il fouillerait, procéderait
avec un soin méthodique au tri des quelques éléments
significatifs. Ces éléments s'épureraient jusqu'aux blancs
sur blancs, aux noirs sur noirs, comme ils l'avaient été
chez les peintres de l'avant-garde. L'histoire et la mémoire
de cette abstraction géométrique restaient à explorer en
regard d'une future production plasticienne enracinée dans
l'espace culturel nord-américain. L'histoire de l'art avait
segmenté et sédimenté les travaux des peintres russes
d'avant la révolution. Cet héritage une fois déconstruit
nourrirait les prémices d'un art inédit.

Ce que sa famille avait refusé d'entendre, son vieil
ami l'avait écouté sans sourciller. L'ami disait qu'un voyage
en URSS se planifiait, qu'un séjour nécessitait des autori-
sations diplomatiques. L'absence d'affiliation politique de
Mathieu et son casier judiciaire vierge joueraient en sa
faveur. Il devra se munir de lettres d'autorisation pour ses
activités de chercheur. L'ami lui suggéra de joindre à son
statut de professeur celui de chercheur affilié à un musée.
Dans la mesure du possible, prévenir les questions de la
bureaucratie soviétique s'avérait pertinent. Il convenait
que Mathieu ne choisissait pas la facilité, de nombreux
pays n'assuraient pas la sécurité des voyageurs. Dans les
pays sous dictature, les contraintes différaient et la poursuite de la guerre froide limitait aussi la circulation du
tourisme. À son retour, il serait interrogé sur ses rencontres et sur ses activités. L'ami le prévint, il aura à justifier
son voyage.

Mathieu n'avait pas pensé au statut de chercheur. Il
compta ajouter cette fonction à celles qu'il exerçait déjà.
Jusqu'à maintenant, chercheur résumait toutes les autres
fonctions. Son curriculum s'appuyait sur la recherche et

n'avait pas d'autre sens. Ce voyage le confirmera dans cette identité. Le chercheur cherche ce qu'il cherche, aimait-il à dire, troublé devant l'indétermination intrinsèque de l'état de chercheur. Cette fois, Mathieu se déplacera à l'extrémité de la planète et, grâce au changement spatiotemporel, il inaugurera son existence consacrée à la peinture. Du chercheur naîtra le peintre.

*

Il avait raccompagné l'ami jusqu'à la porte de son bureau. Le bruit de la conversation qui venait d'avoir lieu l'assourdissait. La conversation avait été obscène. Il prit peur. Il venait d'inventer un prochain voyage à la mer Noire. Il justifiait ainsi l'acte de peindre. La peinture se motivait par la raideur et les contraintes d'avant la gestuelle, des préalables à l'activité picturale. L'idée d'aller en Krasnodar, au bord de la mer Noire, était une pure fantaisie. À Sotchi, il consommerait l'éloignement infini, l'ultime moment de la rupture. Mathieu renouvellerait l'art de peindre puisqu'il avait passé l'âge des intuitions adolescentes. La nouvelle avant-garde apparaîtrait désenfouie d'une archéologie.

Mathieu aurait une année de congé. Le nouveau doyen lui concéderait son salaire au nom de l'avancement du savoir. Ainsi le prévoyait-il. L'effet d'un météore, voilà ce que produisait souvent la rencontre avec le professeur. À cet égard, il restait privilégié. L'enthousiasme de deux ou trois étudiants de sa promotion avait suffi à le propulser au cœur de l'institution. Deux ou trois étudiants avaient décidé qu'il serait un visionnaire. Son réseau d'influences le soutenait. Il était attendu, il orientait le parcours intellectuel commun.

Mathieu fut inquiet, puis se ressaisit, il n'avait pas parlé à l'ami de la lettre au doyen. L'ami avait vu la désolation de Mathieu. Il s'était trompé, il se trompait. Mathieu prendrait l'année pour peindre, il aurait le temps nécessaire. Il s'orientait vers une synthèse, à la bonne époque, en un lieu qui supporterait sa prochaine avancée. Il anticipa qu'il serait pauvre durant cette année-là. Un voyage à la mer Noire coûtait cher. Il décidait qu'il s'en plaindrait à l'organisation politique, au bureau des apparatchiks.

Il murmura: en ma qualité de peintre officiel, je recevrai des émoluments. Il aura peut-être l'honneur de joindre la cohorte élue qui frayait avec les représentants de l'URSS. Mathieu avait laissé l'ami dans l'ignorance de sa nouvelle allégeance politique afin de respecter leur mémoire commune. L'ami se casait. Mathieu opposait à cette maturité une éternelle jeunesse.

Il avait l'intention de mesurer sa réussite en peinture par la possibilité d'en parler. Il saura motiver du début à la fin son processus de peindre. Chaque geste justifié vaudra une analyse. Mathieu se situait déjà devant le tableau terminé.

Il avait pris l'habitude de calculer, d'anticiper les résultats par une stratégie des petits pas. Mathieu tremblait. Il voulut se rassurer que nul n'avait entendu la conversation, sortit et vérifia que personne ne se trouvait dans les bureaux adjacents. Il avait les mains moites lorsqu'il s'assit à son pupitre.

Mathieu qui misait sur l'avenir ne parvenait pas à se calmer. Alors, il s'imagina après avoir accompli le voyage à la mer Noire, au moment où il allait recueillir les fruits de son audace. Aux incertitudes présentes se substituait le grand bond en avant.

*

La nuit tombée depuis plusieurs heures remplissait l'espace carré du bureau aux murs blancs. Le lampadaire situé devant la fenêtre panoramique jetait une masse de lumière jaune qui se joignait à la lumière des néons. Mathieu disait qu'il commanderait des rideaux transparents pour atténuer le point lumineux en forme d'œil au centre du lampadaire de la ville. Il ne s'exécutait pas. Ce soir, l'œil brillait et durcissait la couleur jaune. La saleté du lieu était visible des vitres de la fenêtre, aux murs blancs défraîchis, au sol vert-de-gris. Sa serviette de cuir à la main, il approcha du mur où il avait accroché un minuscule dessin fantaisiste, un caméléon désarticulé entrant ou sortant d'une muraille. Sans le vouloir, il avait fixé le dessin au centre des lumières nocturnes. Il l'arracha et marmonna, le visage levé devant le point central des faisceaux lumineux. Ce qui venait d'avoir lieu avec l'ami ne le troublait plus.

SERGE PATRICE THIBODEAU

Lieux cachés

> *Mais qui sont-ils, dis-moi, les errants, ces hommes*
> *un peu plus fugitifs encore que nous-mêmes, que*
> *presse très tôt, que tord – pour qui, par amour*
> *pour qui? – une volonté toujours insatisfaite? Elle*
> *les tord en vrille et les plie et les lie et les hisse, les*
> *lance et les reprend; comme d'un air huilé, plus*
> *lisse, ils redescendent sur le tapis usé, aminci par*
> *leur éternel élancement, ce tapis perdu*
> *dans l'univers.*
> *Posé ainsi qu'un cataplasme, comme si le ciel de*
> *banlieue, à cet endroit, avait fait mal à la terre.*
> *[…]*
>
> Rainer Maria Rilke, *La cinquième élégie*

Tous les mensonges qu'on amène avec soi,
tous les creux secrets et les non-dits,
toutes les rencontres dans des lieux cachés,
tous les faits banals, les trahisons,

tout ce bagage que l'on porte sans en évaluer
le poids, une vie étrangère au vu des autres,
une vie sienne et pleine, tout cela

n'appartient qu'à soi: regrets, remords,
jouissances, combats, victoires,
apprentissage, tout ce qui n'est pas écrit,
et qui mériterait de l'être, sans doute,

et qui n'a pas été partagé: nuits
de vague à l'âme, de souvenirs oppressants,
de fausses notes malléables, le supplice

de la foule, pour se retrouver mains nues
devant l'ennemi intime, prêt à remonter
en l'homme, à retourner calmement
à ses attributs naturels qu'on souhaite

annihiler, dont on souhaite le dépouiller:
courage et ténacité, sagesse, pour se rendre
au cœur du circuit qui engendre le rythme

et le pas de l'homme, le balancement
du corps, son aptitude à se tenir debout
devant la tempête, à rencontrer l'être
en qui l'on peut croître, dans la toile de sable

qu'a peinte un ami, dans le tableau du jour
qui s'annonce à sa fenêtre, dans la voix
de la femme incendiée dénonçant

tout acte stérile, au lieu d'avant, au lieu
de l'œil très blanc et du regard élucidé,
là où c'est légitime d'exiger la solitude,
jamais contraint de reporter l'éclosion

de son écriture, pour se livrer
à l'impossible fusion dont l'étreinte
colporte la trace; à la onzième heure,

selon la tradition, à peine réunis
par la lumière échinée de l'après-midi boréal,
celle qui traîne souvent au large des artères
les plus fréquemment empruntées,

dans les ruelles, entre les arbres nus
des parcs, à ras les toits goudronnés
des quartiers prostrés par l'imminence

du malheur, à peine rendus l'un à l'autre
par la ville, tout juste à peine remis
d'un salut vague et passif, ils se sont reconnus,
se sont demandé: *comment comprendre?*

par quelle extrémité saisir l'assommoir
de la gravité? par quel élan rejoindre
ceux que la folie incite à descendre

vers la côte? à peine à leur place,
face à face, comment ne pas tenter
l'aventure dont on ne craint pas l'aveu?
un engagement licite et trouble pourtant,

au délire manifeste, et fier de s'énoncer
par une attitude incontrôlable et dont l'issue
est prévisible, un serment indolore, inoffensif,

un lien de rien se trame au vu du jour qu'il est,
du jour à venir; comme s'il ne suffisait
que d'une seule question pour amorcer
le déséquilibre, comme s'il n'existait

qu'une seule réponse propre à inscrire
le doute, entre l'ongle et la chair,
entre le gypse et l'acier, entre l'automne

et l'hiver, entre eux, comme si, entre-temps,
entre deux lignes, se tenait l'évasif entretien
des déplacés, l'opaque distance exécutant
ses allures de nuit blanche, la pluie revenue

à toute allure et sans discernement, fière
de son désœuvrement, fière de sa fine intrusion
au cœur du fragile espoir de faire le mur

quand il convient de quitter le chantier
pour cause de délation précoce; apparue
sans se faire attendre, sans se faire annoncer,
la onzième heure s'est faufilée, subite,

entre les plants houppés des cheveux gris,
suivie des onze minutes dont elle s'est parée
pour une occasion qui nous échappe,

un malaise, un constat; à l'occasion, insister
pour que la nuit reste là, pour que ses fruits
pendent bas, pour qu'elle vire de bord
et amène sous son bras un cœur

qui aura cessé de battre, un souffle échu,
un dos cassé, des rêves agités,
avec l'excuse officielle de l'insomnie,

survivants et indemnes, écartés
par le bras qui, d'habitude,
n'attend que l'occasion de frapper,
comme un chœur intervenant en arrière-plan,

sans que l'indique la partition, dans les faubourgs,
surgit le pathétique impromptu
des fumerolles, du fumet de la soupe

appelant les pauvres à baisser le menton;
la dernière bouchée, la dernière gorgée,
le dernier frisson empêchent le corps éprouvé
de crever, la dernière pensée devant la mort

déjà se fossilise, et rien ne reste sinon le caprice,
sinon la fréquence avec laquelle se démène
l'appareil effréné du désir, sans astuce

et sans ressentiment, sans l'être, entêté,
consentir au risque de vivre, rendre à la nuit
sa part de rayonnement fragile, sa part
d'insolence et de harcèlement;

prendre sur soi de revenir au chiffre un,
prendre ses clefs, juste avant de mettre le pied
dehors, pour mieux se sentir étranger

à soi-même, n'y plus revenir, jamais,
en aucun pays, aucune patrie, ne pas
se laisser enchaîner par un oui, par un non,
y parvenir sans bénédiction, sans, sans quoi,

sans l'obligation de prouver quoi que ce soit,
surtout ne pas céder à l'envie de se plaindre:
un tas de fumier ne peut supporter la présence

que d'un seul homme, que d'un seul étranger
aux portes de la ville; à moins d'un regard
par-dessus l'épaule, à moins de prédire
son propre passé, la route et la déroute

laissées derrière soi, sans scrupules
et sans mauvaise conscience, impatient
de contribuer à l'étendue néfaste

de sa dispersion; de son plein gré, comment,
comment en amender les écarts en toute dignité,
sans perdre l'œuvre? peu importe si on y perd
la face et son nom, mais l'œuvre?

sans nier l'horreur des contusions sur le corps,
sans fermer les yeux sur les ecchymoses
et la tuméfaction, en laissant parler les lèvres

de la plaie, vivre en ces lieux capables de rédimer
les entorses au bon sens; combien de lieux
se cachent en soi, sous les escarres portées
par le corps de l'autre? comment les articuler tous,

comment les célébrer? par la présence froide
d'une lame d'acier posée à plat sur les papilles
de la langue? ou par les électrodes fixées

à la chair? par le traumatisme des mains
broyées dans l'obscurité? aucune perspective,
aucun horizon; tenté non pas d'en faire
le décompte, mais de savoir précisément

qui il serait possible d'aimer,
le visage et le corps des présences anonymes,
en soi depuis longtemps, rencontrés

dans des lieux de hasard où s'ébattre
sous couvert de l'intimité publique,
de la dissimulation simulée,
et de l'occulte jouissance des fugitifs;

aux origines de la douleur et du désordre,
aux sources du licite et du tabou,
aux traces laissées dans la neige, la nuit,

quand l'attente de la joie est pénible;
présence d'un ailleurs en sursis,
de liens en suspens, d'allers-retours
incohérents, de musiques en différé,

de décisions, de prophéties avortées,
de rires et d'accolades, les yeux francs
dans les yeux fermes, la caresse alerte

et les adieux tronqués au coin de la rue,
dans l'impossible aveu,
dans son lâche consentement, toujours
pressé de rentrer, les talons en état d'urgence,

comme si ça ne paraissait pas, sans même
un soupçon de regret dans la voix,
empruntant des raccourcis idiots, fuyant

allègrement un interrogatoire brouillé
par des yeux fatigués, bouffis, parce que
trop souvent contraint à prendre forme
dans la pénombre, une question à l'échelle

de ses bondissements, à l'image inexacte,
futile et floue, de sa fuite veule, fidèle
à cette présence sienne en ces lieux

désarticulés, rayés de la surface de la bonne foi
et des mains nettes; que cesse, impatiente,
la cruelle ponctualité de l'angoisse
et des fins de mois, parce que sans pitié

quand vient le temps de trancher,
un pied devant l'autre, l'un à la suite
de l'autre, dépeuplés l'un par l'autre,

désaltérés l'un pour l'autre, occupant
la scène et les coulisses, méprisant
le parterre inquisiteur; personne à qui obéir,
à qui se fier, l'un dépris de l'autre,

quand vient le temps d'insister
pour que le rideau se déchire
en pleine heure de gloire, par le feu,
au plus fort du chaos, avec l'orage

et avant l'aube, parce que le deuil est doux
au coucher du soleil; plus de trêves,
plus de rêves, plus d'étreintes trinités.

DANIEL GUÉNETTE

Voyage en forme de palindrome

> *L'homme contemplatif est sédentaire
> et le voyageur est ignorant et menteur.*
>
> Denis Diderot

LE PREMIER: Je reviens de loin.

C'est ainsi que le premier aborde le second, à une terrasse, d'une table à l'autre, familièrement, les deux hommes ne se connaissant ni d'Ève ni d'Adam. Le second lève les yeux sur un homme étrange, tout particulièrement en raison de ses vêtements hétéroclites, dans lesquels l'oriental curieusement le dispute aux surplus de l'armée. Avec un brin de froideur et d'agacement, le second accorde au premier quelques mots qu'il voudrait encore plus laconiques.

LE SECOND: Et d'où revenez-vous, monsieur?
LE PREMIER: Difficile à dire, j'ai à peu près fait le tour du monde. Je rentre tout juste au bercail; voyez mes bagages et mon vélo contre la borne.

Coup d'œil furtif sur des sacs de toile minables et sur la bicyclette désignée; puis, d'un regard qui l'implorerait, s'il y avait là un garçon de table et si ce dernier daignait enfin regarder dans sa direction, le second, cherchant à montrer par ces manœuvres qu'il est sur le point de partir, sur sa chaise remue impatiemment, consulte sa montre, toussote, se gratte le sinciput et finalement concède, dictée par une courtoisie forcée, une seconde phrase.

LE SECOND: Dans quels pays avez-vous surtout séjourné?
LE PREMIER: Je n'aime pas m'installer, même provisoirement; lorsque je voyage, jamais, nulle part, je ne me

fixe. Séjourner est affaire de bourgeois, de villégiature poussive, de petit sexagénaire à la retraite. Il faut aller de l'avant et, comme disait l'autre, tenir le pas gagné: être en tous points pareil à l'homme aux semelles de vent, tel était hier encore mon plus profond souhait.

Le premier ressemble à ces itinérants que l'on dit itinérants parce que sans domicile fixe. Ainsi pense le second. En réalité, ces indigents, d'itinérants n'ont que le nom; ils n'ont pas les moyens de faire plus de dix pas, perclus qu'ils sont pour la plupart de maladie ou d'ivrognerie. En général, leurs bourses trop légères, au fond desquelles les espèces sonnantes, plutôt rarissimes, jamais ne le disputent à l'argent de papier, ne sauraient autoriser le recours à quelque moyen de transport que ce soit. Ils ne peuvent compter que sur leurs deux jambes. Le plus abordable des métros est hors de prix. Mais pourquoi diable prendrait-on le métro? Pour aller où? On se contente de ses bouches d'aération afin d'obvier aux rigueurs de l'hiver.
Le second perçoit dans le discours du premier une élévation qui jure avec ce que ses préjugés à l'endroit des clochards lui auraient normalement fait attendre: un tel homme d'ordinaire ne s'exprime pas ainsi, ne saurait, par exemple, émailler ses propos de citations savantes: il y a ici anguille sous roche, il y a ici Rimbaud sous cloche; le second est intrigué, pour ne pas dire séduit, par ce presque produit de son imagination; il se prêtera désormais avec enthousiasme à la conversation.

LE SECOND: Que me chantez-vous là! Il faut tout de même s'arrêter de temps à autre, ne serait-ce que pour reprendre son souffle. Sans compter que l'exigent, en quelque sorte, les lieux qui nous fascinent; à tel point que réellement ils semblent nous retenir, lieux de féerie dont on doit fatalement s'arracher un jour, puisque le retour inexorable est forcément une des lois fondamentales du voyage. Partir sans l'expectative d'un éventuel retour amputerait sinon un voyageur de cette dénomination en en faisant plutôt un candidat à l'émigration. Du reste, sans avoir penché pour une telle extrémité, ne me dites pas qu'aucun pays n'a eu sur vous de tels effets, je parle du désir de prolonger, ne serait-ce que d'un jour ou deux, un séjour de rêve. N'allez pas contrefaire l'original en déclarant que jamais vous n'avez songé sans nostalgie aux villes ou campagnes que vous aviez précédemment traversées, et que jamais vous n'avez cédé à la tentation de revenir sur vos pas, à Venise, en Grèce, au Népal ou ailleurs.

Le premier: Rien ne m'a jamais touché au point de me retenir. Découvrir n'est pas gémir, ni s'extasier; la pâmoison, très peu pour moi. J'ai voyagé en homme de sciences et découvert ce qu'au départ je n'étais pas sans savoir; mais je puis affirmer désormais, preuves à l'appui, que les hommes à l'autre bout de la terre ne sont encore que des hommes, qu'un brin d'herbe ici ou là demeure tout simplement un brin d'herbe, qu'un fleuve est un fleuve et qu'une montagne, grosse ou petite, de l'Himalaya aux Pyrénées, n'est jamais qu'une masse de terrain occupant l'espace de manière telle qu'elle cache derrière elle un paysage qui sinon, dans l'espace dégagé par cette hypothétique absence de montagne, serait d'une tout autre nature. J'ai cherché partout dans le monde un homme, une herbe, un fleuve, un mont, un souffle qui pût infirmer ma théorie. Je n'ai voyagé, tous sens aux aguets, que pour m'emparer du grain de sable susceptible de ruiner cette machine. Ne trouvant rien nulle part, je repartais, sur ce vélo que voici, en pirogue ou à dos d'âne. Dès l'aube, après un petit-déjeuner vite ingurgité, je partais sans laisser d'adresse. Mes impressions suffisaient, du moins quant aux objectifs que je m'étais fixés. Il ne m'aurait servi à rien de m'éterniser sur place et de contempler des rats dans un temple ou pire encore de prétendus chefs-d'œuvre sur des cimaises dans les grands musées de l'ennui universel.

Le second: Je veux bien, mais tout cela me paraît curieux et vos propos m'étourdissent. Ils sont pour le moins saugrenus et vos critiques de la culture me paraissent d'un goût douteux. Aussi, je conçois mal tant de bougeotte et ne m'explique pas que l'on se chasse soi-même du paradis que nous offre l'ailleurs, et qu'il faille toujours quitter l'ailleurs pour un autre ailleurs. Je prétends qu'il faut être dément pour résister aux édens que le tourisme international met aujourd'hui à notre disposition. Dans notre monde pourri à l'os, il y a indéniablement quelques dizaines de paradis que vous prétendez avoir systématiquement évités comme la peste. Je dis paradis par contraste avec l'endroit où nous sommes présentement. Observez l'animation fébrile de ce boulevard; entendez le bruit que font ces automobiles; voyez les détritus qui jonchent le sol; humez cette odeur de frites grasses et de fast-food; puis dites-moi franchement, songeant à Rome ou à Monaco, que la fuite n'est pas le premier principe du voyage et, qu'en regard du lieu où nous sommes, l'ailleurs n'est pas sommé de réparer justement l'horreur de l'ici. Vous n'êtes pas sans savoir que les compagnies d'aviation vendent à chaque heure du jour des milliers de billets en faisant justement miroiter de tels paradis. Or, vous me faites le coup de la pierre qui roule n'amasse pas mousse. Par exemple, ceci n'est-il pas contradictoire? Cette terrasse quelconque, je vous y ai vu en fin de matinée, je vous y revois trois heures plus tard; il faut avoir de façon très inconséquente changé d'habitude, avec une célérité tout à fait surprenante, pour avoir si peu bougé, du moins aujourd'hui.

LE PREMIER: C'est que je suis revenu, monsieur. C'est maintenant fini, je ne repartirai plus. Dans quelques jours, j'aurai trouvé un logis, ce sera tout. D'ici là, mes bagages à mes pieds en témoignent, je me traîne d'un hôtel à l'autre. Mais encore, un cousin m'attend, qui s'en ira bientôt à la mer – comme si dans les faits ce n'était pas plutôt elle qui toujours vient à nous –, et il m'offre d'habiter quelque temps chez lui, à Laval. Si cette ville me plaît encore, car il s'agit de ma ville natale, je n'en bougerai plus.

Il convient de faire ici une pause et de réfléchir à ce qui précède. Je crois que beaucoup a été dit, mais la confusion qui règne dans ce dialogue pourrait, telles d'épaisses broussailles repoussant qui s'aventure dans une obscure forêt, nous faire croire que nous sommes, tout comme le premier et le second de nos personnages, sur le point de nous égarer.

La scène se passe sur l'île de Montréal, plus précisément sur le boulevard Gouin, à proximité de l'hôpital du Sacré-Cœur. Nous sommes en pleine canicule. Le premier, qui ressemble à un clown désabusé, occupait une petite table. Le second, qui (mais vous l'aviez déjà deviné) est enseignant, et qui par conséquent se pique d'écriture, revenait de chez sa muse quand une légère fringale s'empara de lui. C'est le premier qui a d'abord pris la parole. Le second qui s'y connaît en délires a pris celui du premier en considération. Le délire lui paraissant relever de l'écheveau, il a l'idée, vieille comme la Terre, d'en délier les fils emmêlés, afin de les relier ensuite de manière à en faire surgir du sens. Autrement dit, le premier est un énergumène, et compte tenu du fait que les sages cherchent la lumière et que souvent les fous leur en fournissent, il convient, se dit le second, de savoir les écouter.

Le second rêve depuis toujours de suivre les traces de Tintin. Il ne le crie pas sur les toits, mais il préfère l'œuvre d'Hergé à celle de Proust. Pour lui, le Congo qui n'est plus le Congo sera toujours le Congo, avec ses crocodiles, ses lions, ses hommes, ses brins d'herbe et ses cours d'eau. L'Angleterre, ou serait-ce l'Écosse ou encore l'Irlande? est une île noire où un gorille imprime de la fausse monnaie. Le petit professeur croit que les voyages forment la jeunesse. Il enseigne que les livres s'ouvrent sur le monde. Il ne les a pas tous lus, mais il sait que la chair savoureuse n'a pas partout le même goût et que la joie se conjugue tout partout à même les saillies du verbe aimer. Il a la foi: il croit aux hommes et aux brins d'herbe, aux montagnes qui font un paysage qui en cache un autre; il croit aux fleuves qui descendent vers la mer; il croit encore que croire et croître sont synonymes. Il pense que Paul Éluard a déjà été un imbécile profondément malheureux, puisqu'un jour ses chagrins d'amour l'enfermèrent dans la cabine d'un grand navire et que, durant un long voyage, il n'en sortit pas, ne descendit jamais à terre, se contentant de regarder par le hublot des parcelles de ciel gris ou bleu et des flots tendres ou mouvementés. C'est là précisément ce qu'il confie au premier.

LE SECOND: Le poète vient de perdre son égérie, sa belle et trop belle Gala, qui lui a préféré le moustachu Dali. Si le surréalisme est en passe de devenir alors une grande aventure, si cette roue se met à tourner rondement au casino de la bohème et des arts, Éluard, Eugène

Grindel de ses trop modestes et risibles prénom et patronyme, perd néanmoins le goût des choses de la vie. Il monte à bord d'un transatlantique avec le secret et criant désir d'embarquer sur un second Titanic, lequel, il le souhaite ardemment, engloutira bientôt au fond des mers son sinistre petit destin individuel de poète poitrinaire.

Ce chantre de l'amour ne parle plus à personne et on peut l'imaginer couché dans son lit de houle et de nausées, souhaitant que le linceul de dessous la coque submerge l'embarcation, en fasse un ultime bateau ivre ou un second vaisseau d'or. Et la chair est triste, du poète des amours qui désormais ne lit plus aucun livre; Apollon est mort et les neufs muses se sont tues. Il ne bouge plus. Voyage-t-il vraiment? Je ne le crois pas.

LE PREMIER: Votre Eugène nous fournit en tout cas un amusant paradoxe.

LE SECOND: Et son geste me paraît éloquent, qui dit que la vie, l'amour ne sont pas choses faciles.

LE PREMIER: *L'amour en fuite* est, je crois, le titre d'un film de Truffaut. Mais je voudrais revenir à notre paradoxe. Eugène, le cocu, quoique sacré noceur et tombeur de femmes émérite, s'enferme dans sa cabine. Le bateau longe les côtes du Portugal…

LE SECOND: Qui vous dit que mon poète ne se rendait pas plutôt aux États-Unis ou en Islande?

LE PREMIER: Mes lectures me le disent. J'ai lu beaucoup en voyage. J'ai d'ailleurs voyagé entre autres pour ce motif: lire dans les gares, dans les trains, sur mon vélo ou à dos de chameau. Votre poète, vous dis-je, a contourné l'Afrique et, si mon souvenir est bon, contrairement à ce qu'imagine votre fantaisie, il est descendu sur la terre ferme à maintes reprises. Je vois très clairement une photographie de lui en tenue de bain de mer, entouré de naïades exotiques et court vêtues. Il n'a pas dû se gêner.

LE SECOND: Tout de même, son voyage était un voyage intérieur.

LE PREMIER: Justement, ce sont tous et toujours des voyages intérieurs. Dans la mesure où ils nous changent en profondeur, ce sont des voyages de l'âme.

LE SECOND: Ce n'est pas ce que j'entendais par voyage intérieur. Ce périple qui le conduisit à l'autre bout du monde ne correspondit en rien à ce qu'on attend d'un pareil dépaysement. L'autre ne le toucha pas, il se toucha lui-même. Enfermé dans sa cabine, c'est comme enfermé dans le cabinet de l'analyste, l'analyste en moins. Ce n'est pas un voyage autour du monde, c'est un voyage en soi, au bout de soi, au bout de son propre désespoir.

LE PREMIER: Et voilà justement notre paradoxe. Le bateau sillonne les mers; les terres lui ouvrent leurs bras de mer; les filles des îles ont elles aussi des bras, et des guirlandes de fleurs flottent sur leurs hanches; elles dansent pour lui. Tout bouge autour de lui, tout vit dans le vaste monde, mais Éluard fait le mort. Il est dans sa cabine, et à travers le hublot, selon les heures du jour et des saisons, alternent des cieux et des flots qu'il regarde sans en apprécier le spectacle. Éluard est dans sa tête. Ce voyage immobile aurait pu avoir lieu en plein cœur de Paris, durer tout aussi longtemps et conduire sensiblement aux mêmes résultats, c'est-à-dire au retour à soi, au retour à l'autre, au monde et à la vie.

LE SECOND: Ou alors au contraire, à plus de dé-sespoir, à la folie et à la mort. Mais paradoxe pour para-doxe, pourquoi ne pas plutôt considérer celui que nous offre votre conduite?

LE PREMIER: De quel paradoxe et de quelle conduite s'agit-il au juste? On se connaît à peine et vous avez la prétention déjà de me lire!

LE SECOND: J'ai sous les yeux, mettons une sorte de Colombo, enfin quelqu'un qui ne paye pas de mine. La couverture de votre livre se lit facilement. De même que le célèbre inspecteur, l'homme que j'ai devant moi en cache un autre, qu'on n'a d'abord pas vu et qui peu à peu nous apparaît...

LE PREMIER: Bon, trêve de références télévisuelles, trêve d'euphémisme: en clair, si je vous comprends bien, j'ai l'air d'un imbécile! J'ai l'air d'un imbécile, mais votre flair vous dit que je n'en suis pas un.

LE SECOND: Ce n'est pas tout à fait ce que je dis.

LE PREMIER: Cela néanmoins s'entend très bien.

LE SECOND: Cela saute aussi aux yeux et se sent par le nez, que j'ai très fin. Vous avez besoin d'une bonne douche et je ne crois pas le moins du monde à ces hôtels où vous dites traîner vos sacs à ordures. Si vous avez dormi dernièrement, c'est à la belle étoile. Je vous le dis tout net, d'ici la fin de notre entretien, je parie vingt dollars avec vous que vous allez chercher à m'attendrir sur vos ressources qui sont à sec; vingt dollars que vous me les mendierez. Votre livre me dit que vous êtes un mendiant. Vingt dollars que d'ici peu vous me présenterez le fond de votre casquette.

LE PREMIER: Vous les perdrez, je vous le jure.

LE SECOND: C'est en tout cas ce que vous souhaitez.

LE PREMIER: Je ne suis pas un mendiant.

LE SECOND: Dites plutôt que vous ne me demanderez rien.

LE PREMIER: Dites vous-même que vous honorerez votre pari.

LE SECOND: Je le ferai.

LE PREMIER: Votre probité est exemplaire. Je vous admire. Mais votre paradoxe?

LE SECOND: Je l'ai perdu de vue.

LE PREMIER: Laissez-moi vous aider. Je crois que vous cherchez à me dire ce qui suit. Je suis un intéressant guénillou plein de poux.

LE SECOND: Intéressant n'est pas tout à fait le mot juste, mais il attire mon attention sur la nature des discours que vous tenez. Il me semble étonnant de les voir sortir d'une bouche que camoufle une barbe hirsute et malodorante. Disons que la luxuriance de vos propos fait contraste avec votre allure générale.

LE PREMIER: Si, à nous observer, on pourrait croire à une version moderne *of The Prince and the Pauper,* je ne vois en revanche aucune différence stylistique entre vos palabres et les miennes.

LE SECOND: C'est une affaire de barbe. La mienne naguère était taillée, entretenue, très jardin à la française; je l'ai rasée, question de mode; je demeure néanmoins un petit professeur bourgeois et bien mis.

LE PREMIER: Et votre petit accent vous vient d'un séjour prolongé en France? Pour cause de doctorat dans la Ville lumière?

LE SECOND: Votre petit accent, vous-même! Vous parlez comme un livre!

LE PREMIER: Il y a quelques instants, vous m'avez comparé à un livre. À force d'en lire, on prend le pli. Il y a aussi que je m'adapte à mon interlocuteur: si sa bouche, tout comme la vôtre, est pleine de lettres de noblesse, un vérin hydraulique langagier immédiatement soulève de maints crans ma phraséologie.

LE SECOND: Tout ceci me paraît fort pertinent, mais c'est au voyageur que je m'intéresse. J'aimerais connaître la nature des trésors que vous rapportez de l'étranger.

LE PREMIER: Je n'étais pas parti chercher le Nouveau Monde, la route des Épices, celle de l'Or, le passage du Nord-Ouest, ni quoi que ce soit qui me pût enrichir. Pourquoi diable croyez-vous que les voyages enrichissent celui-là qui les entreprend?

LE SECOND: Ne vous fâchez pas. D'ailleurs ne faites pas l'innocent, vous avez très bien compris la métaphore du trésor. On trouve ailleurs, au bout de ses voyages, à travers eux, une connaissance de soi et du monde que le sur-place rend impossible.

LE PREMIER: Vous vous souvenez sans doute du mot de Montaigne: «Je réponds ordinairement à ceux qui me demandent raison de mes voyages: que je sais bien ce que je fuis, mais non pas ce que je cherche.» Eh bien voilà! Montaigne a tout faux. Il ne s'agit ni de fuir ni de chercher. Encore moins de trouver. Cette façon de voir ne convient qu'aux aveugles. Montaigne oppose candidement, et vous de même, l'ici à l'ailleurs, et imagine qu'un voyage nous conduit d'un point x à un point z, alors qu'en réalité on part de x, pour passer par x et aboutir à x.

LE SECOND: Vous ai-je dit que je suis enseignant?

LE PREMIER: Je crois que oui.

LE SECOND: De littérature?

LE PREMIER: J'avais deviné.

LE SECOND: Et moi, que vous l'êtes tout autant que moi ou que vous le fûtes.

LE PREMIER: À mon corps défendant. Celui qui ignore tout, comme l'auteur des *Essais,* s'écrie: Que sais-je? puis se tait. J'ai lu: point n'est besoin de collèges ou d'universités pour ce faire.

LE SECOND: Tout de même, vous et moi parlons le même langage.

LE PREMIER: Illusion, monsieur. Illusion. Vous ne me comprenez pas du tout; vos rêves ne sont pas les miens et votre pensée empeste, toute farcie qu'elle est de bonnes intentions.

LE SECOND: Pourquoi faudrait-il que mes intentions soient malveillantes?

LE PREMIER: Ce n'est pas ce que je dis!

LE SECOND: Alors que dites-vous?

LE PREMIER: Je dis cela qu'un cuistre de votre espèce ne saura jamais entendre.

LE SECOND: C'est-à-dire?

LE PREMIER: C'est-à-dire qu'il n'y a justement rien à dire. Un point c'est tout!

LE SECOND: Votre faconde dément votre nihilisme.

LE PREMIER: Puis-je nuancer mon propos?

LE SECOND: J'allais vous le suggérer. Mais de grâce, demeurez poli: cuistre est un bien vilain mot.

LE PREMIER: Je le retire. Comme je disais tantôt: je reviens de loin.

LE SECOND: Cela n'est pas si sûr.

LE PREMIER: Je sais, monsieur, l'Alaska, la Polynésie, l'île Maurice, l'Estonie, la Corée du Sud et celle du Nord, la Namibie et les îles Falkland. Et cetera; d'une théorie sans limites, je vous épargne le détail.

LE SECOND: Votre kyrielle n'a rien d'impressionnant. Je crains que vous ayez laissé dans l'ombre de l'et cetera des détails dont vous n'avez pas la moindre idée.

LE PREMIER: Je tenais simplement à vous rappeler que j'ai beaucoup voyagé. La liste, croyez-moi, pourrait facilement s'allonger des contrées que j'ai traversées.

LE SECOND: Ce serait inutile, je vous crois sur parole. Ou plutôt, je crois que vous faites peu de différence entre le mot et la chose. Je crois, par exemple, que nommer un pays relève pour vous de ce que les linguistes appelaient naguère le performatif; comme si dire, c'était faire, ou plutôt avoir fait.

LE PREMIER: Au commencement était le verbe! Accusez-moi plutôt d'être menteur.

LE SECOND: Je dirais songeur, rêveur et même penseur. Je m'intéresse à votre pensée. Poursuivez. Nuancez. Nuagez. Je vous écoute.

LE PREMIER: Pouvons-nous quitter cet endroit. Je préférerais poursuivre ailleurs notre entretien.

LE SECOND: Oh! Oh! voici que vous opposez, très candidement il me semble, l'ici à l'ailleurs.

LE PREMIER: Ne faites pas l'enfant, je parlais philosophie et non pas topologie. La position assise, que nous adoptons d'abord dans le but d'y puiser le repos, à en abuser finit par provoquer le résultat contraire. Vous ne trouvez pas?

Le petit enseignant était de l'avis de son interlocuteur. Les deux hommes se levèrent et, après que le second eut payé leurs additions et le premier rapaillé ses affaires, ils quittèrent la terrasse. Le second se chargea de la bicyclette du premier. Le voyageur se taisait, il marchait en jetant autour de lui des regards inquiets. L'enseignant voulut connaître la cause des tourments qui l'agitaient. Ils étaient dus à la valeur du contenu des bagages de l'itinérant. Ce dernier prétendait avoir photographié la Vérité en Alaska, en Polynésie, à l'île Maurice, en Estonie, dans les Corées du Sud et du Nord, en Namibie, dans les îles Falkland, et cette liste, comme on le sait, aurait pu ne jamais prendre fin. Ses films, il n'avait pas voulu les faire tous développer, en partie faute de moyens, mais surtout par crainte des fuites, comme on dit fuites de l'information.

LE PREMIER: Vous parliez tantôt de trésor. Vous aviez raison. J'ai fixé la Vérité sur pellicule, j'ai photographié des âmes. Ce que je rapporterai à Laval, ce sera la preuve toute nue de notre humanité, un témoignage aussi fort, aussi percutant et mystique que celui de la crucifixion.

LE SECOND: Vous m'intriguez. Cela est-il de nature politique? Cela impliquerait-il la CIA, le Kremlin? Serait-ce lié à la guerre tiède ou à la Fin de l'Histoire? Annoncez-vous un temps nouveau? un rédempteur définitif et universel?

LE PREMIER: Monsieur! Ne vous moquez pas. Je suis photographe. J'ai beau ne pas être sur mon trente et un, j'ai connu de meilleurs jours. J'ai travaillé pour de grands quotidiens, de grands magazines. J'ai photographié des princesses dans leurs palais, des politiciens en campagne électorale, des vedettes dans leurs villas, quasiment aussi, il s'en est fallu de peu, des cigares de président. Mais j'ai aussi accompagné çà et là des correspondants de guerre, vu et connu la misère, les taudis, les bidonvilles. Ma carrière de photographe allait bon train, j'étais né sous une bonne étoile: une fée penchée sur mon berceau semblait m'avoir voué à un brillant avenir.

LE SECOND: À Waterloo, tout tombe à l'eau. Les livres m'ont appris que le destin de l'homme, c'est de connaître l'échec, puis de renaître. Ne vous découragez pas. Dites-moi plutôt quel fut donc votre échec.

LE PREMIER: Qui parle d'échec! Pour moi, tout s'est arrêté à Calcutta. Vous avez tort de parler d'échec. Mais, dans une certaine mesure, vous avez raison; quelque chose de moi y est mort, puis quelque chose de moi a repris vie dans cette ville. Près d'un bordel de Calcutta, plus précisément, j'ai connu l'amour qui est plus grand que l'amour; j'ai connu le non-amour, qui est dépassement de l'amour.

LE SECOND: Vous n'êtes plus très drôle, vous m'inquiétez. Poursuivez.

LE PREMIER: Un collègue, brillant journaliste avec lequel je faisais alors équipe, avait eu cette idée d'un reportage, presque une étude, sur les mœurs sexuelles de l'Asie. Il s'agissait pour moi de photographier des prostituées, avec ou sans leurs clients, en action ou au repos; lui se chargeait bien entendu de la rédaction. Nous n'envisagions ni érotisme ni pornographie, pas même n'avions-nous quelque velléité d'art, ou alors si peu, mais plutôt des faits, des faits bruts que nous voulions rendre en tant que tels. J'avais déjà amassé beaucoup de matériel et mon coéquipier mené plusieurs interviews, quand, un jour, dans une ruelle, une fille m'aborde et m'invite à la suivre.

Elle avait entendu parler de notre travail et voulait y col-laborer.

LE SECOND: Aviez-vous déjà, dans l'exercice de vos fonctions, comme vous étiez, j'imagine, sur le point de le faire avec cette fille, outrepassé des objectifs au départ strictement professionnels?

LE PREMIER: Que voulez-vous dire? Me demandez-vous si mon ami et moi couchions avec ces prostituées?

LE SECOND: Entre autres.

LE PREMIER: La réponse, c'est non, mais ce sera bientôt davantage oui que non, mais à même le lit de la Vérité, puisque j'acceptai de la suivre. Elle m'entraîna dans un dédale de petites rues à la suite desquelles en peu de temps me voici tout à fait perdu. Puis nous nous arrêtons devant un immeuble qui me paraît légèrement mieux entretenu que ses voisins; elle me fait descendre un escalier obscur; la nuit est maintenant tout à fait tombée, alors que nous arrivons dans une salle où je ne perçois d'abord que des mouvements, des ombres, une manière de silence. Nous sommes, je ne tarde pas à m'en rendre compte, dans une léproserie. La plupart des femmes qui gisent sur de petits lits de ferraille sont de vieilles prostituées malades au milieu desquelles vont de petites sœurs de charité.

Ici, le conteur fait une pause et semble absorbé par ses pensées.

LE SECOND: Votre guide était-elle une religieuse ou une putain?

LE PREMIER: Ni religieuse ni putain. Elle me con-duisit à une femme, très défaite, je veux dire fort avancée dans sa maladie, horrible à regarder, dont les doigts tombaient, aux dents gâtées, aveugle. Il s'agissait de sa mère, à qui elle dévoila la nature de mon projet. La vieille femme (je dis vieille femme, mais j'appris qu'elle n'avait pas même atteint la quarantaine), la femme, donc, accepta de se faire photographier, d'abord vêtue de son sari, puis s'en défaisant, et dont le corps émacié bientôt s'illumina, véritable buisson ardent de ma conversion. Ces photos se trouvent dans mon sac.

Le photographe qui portait en bandoulière un gros sac de cuir usé, l'ouvrit et en sortit une dizaine de clichés qu'il montra à l'enseignant. À leur vue, ce dernier pâlit, puis péniblement tenta de réprimer un fort mouvement de nausée. Il y parvint pourtant. Les deux hommes se trouvaient maintenant dans un parc. Le photographe installa le petit professeur sur un banc, au pied d'immenses tilleuls, au bord de la Rivière-des-Prairies, puis se rendit à la fontaine. Il en revint avec un peu d'eau au fond d'une gamelle. Le second but, puis demanda à l'itinérant de poursuivre son récit.

LE PREMIER: La suite, c'est la fin. C'est le retour à Laval. J'avais été une coccinelle insouciante. J'avais fait le tour du monde, payé, et grassement, pour le faire. J'allais sur les routes sans savoir que ce qui me semblait en haut, en réalité était en bas, et que l'inverse n'était pas plus ou moins faux: je croyais qu'il y aurait une fin à tout cela, puisque tout avait un jour commencé quelque part, mais voici que demain ou après-demain, je serai à Laval, autant dire nulle part. La vie est un voyage qui, comme vous pouvez le constater, prend la forme d'un palindrome. Je suis né à Laval, j'y reviens. Je développerai mes photos et les exposerai, puis je m'adonnerai à l'étude de la philosophie ou à la contemplation.

LE SECOND: Si je vous ai bien compris, modelant la trajectoire de votre périple sur celle de Candide, vous désirez maintenant cultiver votre jardin. Il y a là quelque chose de plutôt décevant. Votre passage à Calcutta me faisait espérer de grandes choses. Qu'en est-il de cette misère sublime que vous y découvrîtes? Qu'en est-il de cette jeune fille et de sa mère? Leur rencontre ne trouvera donc en vous aucune autre forme d'écho! Exposer des photographies, fussent-elles criantes de vérité, cela ne dit pas tout. Que faites-vous de cet Amour plus grand que l'amour que vous avez entrevu là-bas? Vos paroles résonnent encore en moi. Ne faudrait-il pas graver de tels mots dans la pierre? Ou les mots, ainsi que je le redoute, et quoi qu'on fasse alors pour l'éviter, ne demeurent-ils, encore et toujours, que des coquilles vides?

Toute découverte malheureusement paraît bientôt suivie d'un curieux effet d'annulation: une détumescence succède à l'euphorie que provoque d'abord l'illumination; cette chute de l'enthousiasme s'accompagne d'une mise à plat de la vérité. Or la vérité, me semble-t-il, à l'instar de la poussière, finit toujours par retomber, malgré l'ordinaire et banale tentative à laquelle à peu près tout le monde finit par céder, et qui consiste à donner en fin de parcours, par de trop faciles hyperboles, un surplus de sens à ce qui en perd, plus s'éloigne de nous le temps fort de l'illumination. Et si la vérité, ce n'est que ça, un feu sans flammes, sans chaleur, somme toute, vous aurez raison de vous taire: le silence auquel vous disiez tantôt aspirer vaudrait, en effet, plus que les mille mots des sornettes poético-philosophiques que vous et moi débitons depuis plus d'une heure.

LE PREMIER: Mes photographies montrent des femmes nues, des putains de basse extraction. Je n'exposerai ni le clinquant des putes de luxe ni les photographies de courtisanes, prises avant l'avènement en moi de Calcutta. Leur malheur fait encore illusion. Mais la chair nue sur fond de murs délavés, la chair nue à même le délabrement; ces centaines de visages défaits, d'épaules tombantes, de seins flétris, de ventres gonflés que j'ai photographiés, disent ce que j'ai découvert: une pauvre vérité qui a un pied dans les fleurs et l'autre dans la poussière. Dire que j'ai aimé cette fille, cette femme, les autres lépreuses et les sœurs qui les soignaient serait dire en deçà et au-delà de ce que j'ai connu. Je préfère me taire.

LE SECOND: La nuit tombe. Elle accueillera favorablement un silence bien mérité. Je dois rentrer, on m'attend et je suis en retard.

J'aimerais vous inviter à venir dormir chez moi.

LE PREMIER: Est-ce un souhait? M'invitez-vous réellement, ou dois-je lire votre pensée en la poussant dans ses retranchements, c'est-à-dire en considérant la gangue du non-dit qui l'enveloppe? Vous aimeriez m'inviter mais cela s'avère impossible, à cause de cela que précisément vous taisez.

LE SECOND: Non, je le fais réellement; je vous invite pour vrai.

LE PREMIER: Monsieur, vous êtes bien généreux, mais il se fait tard et ce banc me paraît confortable. Je suis fatigué. Demain, dès l'aube, à l'heure où les moineaux commencent à pépier, je partirai. Laval est un coin charmant. Si vous y venez faire un tour, un jour, qui sait, au hasard d'un coin de rue, on se reverra peut-être.

Le professeur, non sans émotion, se lève, serre chaleureusement les mains du photographe, et s'en va lentement, se retournant à maintes reprises, faisant des signes de la main, puis se retournant encore et encore. Soudain, rapidement, il revient sur ses pas et sort son portefeuille de sa poche.

LE PREMIER: Que faites-vous?

LE SECOND: Avez-vous donc oublié notre pari?

LE PREMIER: Vous avez raison: nous avons parié et vous avez perdu.

LE SECOND: Voici vos vingt dollars. Faites-en bon usage.

LE PREMIER: Merci, mon bon monsieur, et que Dieu vous protège.

Guylaine Massoutre

Le palais d'Isak Pasha

*L'évasion dans son semblable, avec d'immenses
perspectives de poésie, sera peut-être un jour possible.*

René Char

Initiative de la présence, quelqu'un respire. En fait
ils sont deux, formant une masse blanche, d'où s'échappe
un souffle paisible qui se perd dans le silence. Ce sont
deux touristes, tout juste sortis de l'enfance, jumeaux
aimantés par un pays évidé qui pratique, comme un réflexe
vital, la politique de la *table rase*. Autour du lit, une chambre
hâtivement chaulée, barbouillée de bleu jusqu'à la mi-
hauteur, vide, hormis un banc, une gourde, un sac à dos
éventré, du matériel de photo; autour de la chambre,
quelques autres pièces identiques, puis un chantier, et tout
de suite après, l'immensité brute, caillouteuse, nue.

La route saillit du loin. De l'autre côté, une falaise
massue ferme la steppe du Croissant aride. Surmontée
d'une muraille entourant un château en ruine, la forteresse pierreuse campe dramatiquement sur son escarpe-
ment. La route n'y grimpe pas; en ligne brisée, elle mord
la poussière et repart fougueusement vers la plaine austère.
Au pied, un gros village désert, poudré de vieux rose, et
quelques chiens errants. Un fou se lave rituellement dans
la rivière. À ses gestes mécaniques et répétés, on voit qu'il
n'appartient plus à sa communauté; dans son offrande
lustrale, il invoque la clémence de l'Antéchrist au visage
aplati, prédit par Mahomet. Croyant chanter sa foi, alors
qu'il ne hurle qu'une ancienne terreur, il crie.

Dans l'angle de terre cuite, peint d'ocre rouge, dans
lequel il s'encoigne à son tour, un soleil étonnamment
blanc, sec, nimbé d'un nuage de ciment en suspension,
vacille. Échappant à ce piège, un fleuve torrentueux,
brunâtre, bouillonne, luisant et huilé; c'est le mythique
Euphrate qui, avec son frère Tigre, plus au sud, charriant

l'eau des glaciers, constitue l'antique frontière des confins explorés par les conquérants grecs. Bayburt, au pied d'une haute chaîne qui fait oublier la douceur de la mer Noire, ouvre les portes de l'ancienne Arménie; les femmes, toutes religions confondues, y sont aujourd'hui voilées de l'*ihram* brun de la tête aux pieds. Ici commence le monde du mystère et de la crainte. Plus loin vers l'est, le cours de l'Aras, tempétueuse saignée, trace à l'est un profond sillon face à l'Arménie indépendante. Ani, dernier village fantôme, campe encore fièrement ses vestiges eurasiens, témoins de l'ancienne lutte entre Ankara et Bakou.

Des miradors ont poussé, sur plus de deux cents kilomètres d'ouest en est, en une forêt de barbelés. Hérissés sur l'immensité de la plaine, sise à quelque deux mille mètres d'altitude et entourée de montagnes, ils poursuivent une œuvre militaire qui s'y est développée, d'un millénaire à l'autre, tantôt de l'orient, tantôt de l'occident. Les voyageurs s'y propulsent à grande vitesse. Au cœur d'une vaste zone d'invasions successives, la forteresse d'Erzurum leur laisse les impressions mitigées de sa triste allure. Une broche et un collier de pierre noire, maintenant dans le sac des jeunes gens, y ont été achetés. Et dans la plaine dénudée, verte, bordée de mauve, qui la poursuit vers l'est, ils ont ramassé l'obsidienne, légère, cassante et translucide comme le verre. Dans de misérables cases de pierre, à pièce double, ils ont vu les enfants, dès quatre ans, nouer les fils des tapis, de leurs petits doigts. Entre les bobines de laine jouaient des chatons.

Dans la souplesse des toiles de lit, modelées par les corps, sous les lignes blanches des draps qui les enveloppent, les dormeurs ont dépêché l'un vers l'autre un désir ardent. Le modelé des draps reflète la lumière satinée des murs, rayonnement qui cascade jusqu'au tapis lustré. Cette douceur bienfaisante, protectrice, veille sur leur sommeil. L'amoncellement capricieux des vêtements par terre, reliefs perceptibles de la fatigue du voyage, qu'un moment régénérateur de lascivité renvoie à l'immobilité environnante, rappelle, à ces piles effondrées, les coutumes d'organisation sommaire de la vie locale. La négligence s'harmonise avec la brutalité. On ne s'installe pas dans les lieux de la mémoire blessée. Tout indique le campement inconfortable, à la limite de l'inhospitalité.

En dessous des cheveux emmêlés des visiteurs, une bande de peau gris pâle, ombrée de bronze, offre sa nudité indécente. On reconnaît les nuances fumées que prend le teint terni du voyageur, trop souvent nourri de graines, de fruits secs et de légumineuses au détriment des produits frais. Mais de peau plus pâle que les teintes cuivrées d'une multitude d'ethnies turques, le voyageur, homme ou femme, exerce un fort attrait. La vulnérabilité du voyageur offre un spectacle insolent qui étonne et magnétise. Tout est prétexte à convoitise: un nez, des yeux clairs, une cheville découverte ou même la ligne d'une épaule, une barbe rousse, ce corps blanc, sans distinction de sexe. On complote autour du butin – un sac à dos, un ceinturon; on spécule sur l'Occidental; on lui vend, à la rigueur, du service avec réticence. Le voyageur est traité en paria, auquel les plus tranquilles jettent des œillades farouches, en épiant, s'il se tient à l'écart, la présence temporaire de ce *persona non grata*.

La porte est restée entrouverte, en l'absence de serrure et même de loquet. On voit à l'indolence des amants que l'étreinte s'est prolongée en rêverie, incontestable complice du voyageur, bouquet sensoriel maintenant offert à la nuit. Leur respiration régulière tranche, par sa douceur, sur la rudesse de l'immense pays. Leur territoire se limite à cette simple couche, abri d'une seule nuit. Ils ne tiennent pour possession véritable que leur compagnonnage, constitué du modus vivendi de la plus stricte proximité. À leur intimité nocturne, on voit aussi qu'ils évoluent entre s'anéantir eux-mêmes et ajouter quelque trace à la course inexorable des vivants. Leur sueur s'est incrustée dans l'invisible mémoire des lieux, tavelure achrome qui donne aux couvre-lits des hôtels leur singulier tanin. Ce décor épuré suggère une intégrité familière. L'âcre dépense des corps s'harmonise à la rugosité de la toile grossièrement filée qui les enveloppe; elle sent la laine de chèvre et le poil mal dégarni de son suint.

Un autobus les a laissés là, juste devant un marchand de *bisiklet*. Cette étape obligée de leur épopée, hors des routes touristiques, figure sur leur plan de route. Le petit hôtel, un *palas* abusivement dénommé, en bordure de la route, offre un refuge suffisant aux chauffards épuisés, qui filent en direction de la Géorgie ou de l'Iran, parfois

même plus loin que l'Afghanistan. Les poids lourds, dou-
blant à fond de train les camionnettes brinquebalantes
qui ravitaillent la place, reprendront sous peu leur course
à travers un nuage crayeux, pincés par le paysage en
compas. Ces bolides multiformes, qui propulsent leur
carcasse métallique en crachant leurs puants gaz brûlés
et leurs huiles noires, et en écrasant sur leur passage quelque huit mille Turcs par année, sont la mémoire moderne
des hordes de guerriers qui ont sillonné la région depuis
l'éternité.

Le voyageur, avec ses godillots râpés, ressemble au
pauvre hère qui s'est égaré hors de sa caravane. Il se perd,
en glanant des images, au milieu des palais, des forts, des
monastères, des églises et des caravansérails, si férocement
assaillis qu'il n'en reste, le plus souvent, que de désolantes
ruines envahies de chiendent. Il fuit les haut-parleurs brail-
lards qui diffusent, parfois superposées, la musique
arabesque, les ventes à la criée, les publicités et les prières
du muezzin. Il voyage en pèlerin ordinaire qui tient, con-
fiant, toutes ses possessions sanglées dans son bagage. Son
mépris des valeurs populaires paraît à l'homme moderne,
en progrès d'urbanisation, un esprit rétrograde. Et lorsqu'il
se déchausse, pour entrer dans l'asile frais de la mosquée,
il semble un rustre ostracisé de sa communauté: qu'a-t-il
à purifier, cet homme réfractaire, sans contrat ni astuce,
ce descendant des ravageurs de Troie aujourd'hui dominé
par sa licence à hanter des terres qui n'ont rien à lui offrir
ni à lui demander? Que sait-il des beautés immortelles
d'un Empire sans continuité raciale, ni religieuse ni culturelle, soumis à un brassage historique aux développements
souvent funestes? Ses lourdes bottes crottées n'ont pas la
grâce offerte des sandales déliées, dont les cuirs assouplis
épousent confortablement les pas des Turcs.

Une pièce enfumée et basse sert d'accueil à l'hôtel;
la porte sur l'extérieur est grande ouverte; une tenture
bloque à peine l'entrée. Des hommes barbus s'y agglu-
tineront bientôt, reprenant leur incessant bavardage aux
sonorités aussi entêtantes que le rouge sombre du jus de
cerise, le *vichne,* et le noir du café turc, saturé de marc,
qu'ils sirotent à longueur de journée, en attendant l'heure
du *raki,* la populaire boisson alcoolisée. Une odeur de
musc et de citron laisse flotter un entre cuir et chair en

suspension. Aucun signe domestique de mémoire ni aucun repère n'invitent à la longévité. On voudrait y prier à genoux les lares antiques d'accorder leur hospitalité, leur implorer la grâce de durer. Mais l'islamisation n'a pas arrimé la région à l'Europe, et toute construction humaine s'y entretient inachevée.

La région repose sur une ligne de faille, et la terre tremble fréquemment, dotant la civilisation des arcanes du vestige et des travaux d'art inachevés. Elle interdit la paix à la population de réfugiés que les séquelles impérieuses de la persécution ou de la révolte ont rejetée dans ces contrées. La religion des imams se confond ici, pour l'Occidental, avec celle du contrôle par la police du président, qui circule armée. Dans un cadre de guingois, le portrait d'Atatürk, au regard volontaire, fronce un implacable sourcil sur ces zones toniques, hautement énergétiques. Leur peuplement compliqué s'accorde à l'environnement hostile. Invasions successives, attaques sauvages, luttes civiles effroyables, haines raciales et religieuses, cette patrie du brigandage tient en alerte le passant, qui se hâte prudemment de se mettre à distance du moindre geste d'agressivité.

Le globe-trotter connaît bien ce frisson, véritable sensualité de l'esprit, que lui fait ressentir l'effraction dans un ailleurs de songe. Son savoir y défaille dans la rencontre d'hommes qui perçoivent à leur tour sa différence à leur insu. La rigueur des sociétés les plus fermées s'y frotte à un vouloir impérieux d'intrusion et de commerce. Ce rêve à l'arsenal de conquête dérisoire y provoque une alarme des sens, dont le sommeil marque la trêve, mais dont l'audace vue équivaut à la caresse d'une griffe sur un fin vélin. Une telle déchirure se lit d'ailleurs dans les multiples affaissements du tissu urbain. Aux lieux de culte endommagés, on voit que la transhumance humaine laisse ses brisées, fractures vivaces nées de violences instituées. L'héritage fragile des monuments délabrés manifeste autant la grandeur épique que la barbarie de la féodalité. Et l'habitat déshérité n'offre guère plus de présence rassurante que les tentes rudimentaires des nomades arméniens, gardiens de chèvres, qui sillonnent la contrée. On dit pourtant d'eux que certains sont lettrés; leurs femmes ne sont pas voilées.

Hormis le lit, la chambre est hantée par l'empreinte de corps inconnus. Sans trop y faire attention, le voyageur remarque les traces de pas et la chaise défoncée, le matelas creux, les marques de doigts douteux au mur et les oreillers déformés. On y a tombé, étreint, bu, craché, ronflé. Les draps sont frais, dispos au contact des surfaces bosselées. L'heure est au recueillement préparatoire, quand le moment où n'être plus que l'ombre de soi-même rend vulnérable aux émotions rétrospectives et perméable aux songes de l'action. Le voyage est sur le point de se loger. Le touriste, gagné par l'indolence, repasse alors son itinéraire, revoit une suite de bourgades, de points de vue colorés et d'arrêts, qui se ravivent à lui involontairement. Il les inscrit en ligne.

Sur la route d'Ankara à Samsun, sise au bord de la mer Noire, la petite cité d'Amasya, dans des gorges verdoyantes, a l'allure accueillante d'une ville balnéaire. On y déguste un thé qui dégage des fragrances de menthe et de rose sucrée. Enserrée entre des forêts drues, qui courent au flanc de la chaîne pontique, et de hauts plateaux, baignée par le bienfaisant Yesil Irmak, elle regorge de mosquées et de petits marchés, où les agrumes et les fruits offrent leur chair savoureuse et tentante. Le rire des femmes invisibles qui s'interpellent, de maison à maison, fuse joyeusement des ruelles escarpées. Les vendeurs de tapis invitent l'étranger à entrer dans leur salon; les joailliers attirent la convoitise du passant avec leurs bracelets d'argent et leurs médaillons de cornaline. De petits groupes d'hommes importants déambulent, en se tenant par la main. Les sans-travail regardent sans voir, la cigarette brune aux doigts. Il y a bien quelques ombres insaisissables, pour lancer derrière le couple de voyageurs un fruit pourri, suivi d'une insulte ou d'un quolibet qui se mêle aux pétarades des camionnettes. Dans le flan des falaises qui la dominent, des tombeaux ont été excavés; leur bouche béante rappelle la convoitise des rois, califes, princes, émirs, sultans qui la conquirent tour à tour. Grecque, romaine, arabe, byzantine, arménienne, seldjoukide, mongole, ottomane, Amasya, oasis fraîche dont les rois du Pont s'enorgueillirent jadis, est déjà loin en arrière, dernier vestige d'une civilisation musulmane acceptant l'œil occidental.

Les amants sont sur le point de s'endormir. Amasya, photographiée. L'horizon de leur rêve est là, à proximité de la citadelle, comblant l'attente de leur désir d'inconnu. L'esprit veille encore, dans cette conscience élargie du corps au repos qui s'achemine, muscles détendus, jusqu'au sommeil. Ils se tiennent à leur tour par la main, près d'embarquer dans le seul véhicule où le regard ne monte pas. Le voyage s'intériorise et se pense. L'un songe qu'une mer intérieure aurait recouvert l'Asie centrale, selon H.-G. Wells, après la dernière glaciation. Que cette Atlantide des sables aurait donné lieu à une civilisation florissante, qui se serait propagée en Chine, en Égypte et jusqu'à l'Irlande, portée par la langue-soleil, mère de toutes les langues du monde. L'autre se demande s'il est vrai que les femmes hittites allaient à la guerre et commandaient les hommes, alors que la vie des femmes contemporaines se déroule encore aujourd'hui au sérail. S'il est possible que la remémoration historique fasse surgir un tel désastre. Ou bien c'est elle, la voyageuse, se dit-elle, qui s'est trompée de continent. Chacun étend ainsi son voyage, disposant les signes annonciateurs des destins qui se sépareront.

Mais à ce moment, le repos des corps secoués fait monter la nostalgie d'une demeure perdue. À l'idée d'une cohabitation impossible s'associe celle d'une défaite intérieure, qui déporte avec angoisse vers la rage extérieure de la civilisation, souvent acculée à son incapacité d'implanter tant un monde rural qu'une zone industrielle moderne où il ferait bon vivre. Il ne faudrait pas qu'une agression vienne mettre à l'épreuve leur consensus apparent. L'harmonie qui les porte échappe aux conventions historiques. Respectueux des droits régissant les communautés où ils passent, ils se dispensent en retour d'en souscrire les valeurs. Leur consentement réciproque est également une approbation sans devoirs, privilégiant le mystère des partages imprévus, légers, que la souplesse d'une adaptation toujours à revoir cultive comme la langue mère de la fusion première. Mais, à cette heure paisible, la confusion des pensées passe pour une lassitude. Pour la pallier, la tendresse mutuelle renouvelle l'alliance nécessaire aux gens de la route. Ils la scellent au lit, selon l'intention que leur nomadisme temporaire soit un terrain d'entente.

L'homme et la femme couchés ensemble laissent défiler la contrée instable du film-sans-paysage qu'ils arpentent sans rien retenir. Ils ruminent leur voyage comme pour incorporer d'indigestes parcelles de la croûte terrestre. À l'aide de leurs guides, tout le jour ils se racontent des histoires de géographie dans le passé. Le soir, cette trame d'une vérité succincte leur permet d'ordonner la mosaïque des clichés de leur virée. De leur film mental, les pellicules photographiques conserveront une maigre sélection. L'amateur de voyages espère qu'elles cesseront un jour de flotter, atomes épars d'une Atlantide intérieure. Il voudrait conquérir sa légitimité, consolider sa conscience avec des souvenirs pétrifiés, avec ce dont on fait des fondations. Au fil des jours, grandit en lui la certitude que son cœur d'aventurier bat dans un être plus grand que lui. Son ardeur carbure à l'émotion kaléidoscopique du voyage, qui parle avec une fureur muette d'exode et d'amnésie, de souvenirs clandestins et d'une secousse commune aux personnes déplacées.

La route qu'ils ont empruntée suit sur la carte la ligne d'un grand corps étendu, dont ils contournent les os et franchissent les artères à deux, sans jamais en apercevoir le cerveau. Leur piste turque recoupera, en divers points, d'autres déplacements à venir, dont le tracé qu'ils ignorent refermera la boucle. Leur mémoire, chargée de toutes ces courbes de souvenirs transversaux, auxquelles s'ajouteront celles de souvenirs purement livresques, fabrique lentement une géographie à plusieurs dimensions; étages que tout effondrement d'émotion remodèlera sans avertissement, à l'instar de ces plateaux chavirés par les forces sismiques. Ils voyagent pour universaliser leur destinée terrestre et, dans l'espace ainsi ouvert, y inscrire des tracés singuliers.

La chambre, dès qu'ils seront réveillés, les poussera dehors, comme si elle recelait une force centripète. Les hommes seront là, à les scruter passer, sans bouger, les yeux rivés sur la femme, l'Occidentale qui n'est pas voilée. Sur ces dernières scènes de la veille, les voyageurs se régénèrent aux sources de la nuit. Dans leur sommeil, convergeront et se réajusteront les forces erratiques du mouvement. Les images du jour décantent. En échange de quelques billets, les amants plantent leur campement, pour ralentir l'impulsion nomade. Et l'esprit au repos déplie la carte des souvenirs. Au début, ils ne voient plus rien. Ils s'abandonnent à la gravité terrestre. Mais peu à peu, ils sentent la fatigue effacer l'excès d'informations disposes, la chaleur dégagée évacuer l'inconfort et le branle-bas des cahots. Le lit chassera les regards insistants, le bien-être accru fera rayonner les sens. Quelque chose du voyage s'allège à l'étape, les fait flotter horizontalement. Une suite de vagues apaisantes déferle, avec les relents du plaisir charnel.

Un train d'images déboule, ralentit, ouvre la porte; d'un coup, il absorbe la chambre et la réduit aux dimensions d'un compartiment. La logique implacable de l'esprit en mouvement libère une sensation d'être. L'esprit suractivé est projeté dans un lieu d'inadvertance. Le voyage montre un avenir à même le présent. Il se choie lui-même, en s'accordant d'avance un ailleurs, fait de situations imaginaires. Ses faveurs à l'ici sont maigres. Il ne s'implante que dans le basculement. Les deux endormis s'y sont installés quasi confortablement, côte à côte, antennes branchées sur les espaces qui défilent. L'âme du voyage va s'emparer d'eux, agrandie par la soudaine liberté de l'instant, qui domine et surprend.

Le désir avide des amants continue de croître. Ils s'inventent, en les renouvelant sans cesse, de nouvelles perceptions d'une présence pleine. Que serait-ce de vivre ici ou là? Un goût de chasse émerge et replonge, du vouloir être secret du corps, envahissant comme la mousson. On dirait des trombes d'eau, une chute intérieure. Des bouffées de chaleur activent le système lymphatique, qui cataracte par en dedans. Bombay, Delhi, Calcutta se profilent comme une éventuelle destination terminale. Ces noms de villes tombent dru. Retour aux plus récentes: ils ont passé Amasya, Trabzon, sur la route du thé – Trébizonde la byzantine, sur laquelle Don Quichotte régnait en songe. Ensuite, la route a grimpé de deux mille mètres abruptement. Vertige. Ils ont franchi le passage dramatique des forêts denses aux steppes austères, vu Erzurum la militaire, Kars la russe aux calèches, figée dans le XIXᵉ siècle, toute grise mais marchande, avec ses trésors de tapis et de kilims. Ils ont touché aux derniers vestiges occidentaux. La frontière de l'ex-empire soviétique, tout près, excite en eux le flair d'un au-delà, nécessaire aux principes de découverte et de conquête qui animent leur vagabondage existentiel.

Le grand continent épicé active les sens des deux allongés. Une chaude énergie afflue en un langage informulé. Des soleils cristallisés irisent les torses de milliers de gouttelettes, rosée de bonheur imaginaire. Le corps de l'homme, monde à tentations, luit doucement de l'intérieur. Sans bouddha doré, la mosquée enfumée, baignée par un concert d'eaux, appelle son dieu-sans-visage. Ce corps n'est plus nulle part, sauf dans un Orient qui, en cet instant, l'avale. Quelque chose en lui tournoie. Il célèbre ses noces avec son ombre. Il ouvre la bouche, respire par la gorge, comme s'il voulait cracher l'eau écarlate qui efface les taches. Il se divinise. Il aspire l'encens qui brûle son corps en désir, vivifié d'humidité. Il connaît par instinct sa métamorphique animalité.

Il retient ensemble le lit et le mâle, se fond dans la banalité d'être emporté. Il veut le vide. Entre les draps, il renâcle, ignore, ronfle, fronce, racle, tentation des sons de gorge sur la glotte et la langue. Il se caresse du dedans, par saccades, avec les gutturales éparpillées dans son souffle de grand veneur, dans son gosier de barbelés. Il est le corps anal qui s'est purifié jusqu'à la gorge. Son feulement est un appel à l'union qui emplit, qui soude et unit. Sa chair à vif lui interdit de rebrousser chemin. Pourtant, ce n'est qu'un grondement fermé, qui monte, descend, revient, comme les cahots de la route, et puis s'éteint, bientôt à peine audible. Une vibration qui se reprend. Une innocence avalisée. Un désir libre, qui ne dit absolument rien.

Il entaille la profondeur de la femme; il ferraille avec son rêve. Comme l'appétit sait qu'il y va de sa survie, le corps aimant s'avance aigu, à la rencontre de celle qui se dispose en creux, entrouverte et déformée. L'étonnée s'entrebâille à sa propre curiosité. Il est bouche d'abord, ce corps désiré; tout orifice devient nourricier. Serait-il ensuite sac, qu'il fait l'amibe ou la matrice, l'un ou l'une partie; et ces mains voleuses, tâtant la peau pour mieux tendre le muscle, qui ferme les entrailles, elles sont dépêchées, masquées, pour l'envoûtement. L'aimant, dans le corps de l'aimé, régira une langue de feu, un palais de sel, un noir cratère. Le désir cavalera encore une fois en paysage amer;

pour l'heure, il lèche, cerne et entoure, celui qui prend de quoi se satisfaire. Ici, il sera chien sauvage, prédateur. Là, il sera obus de feu. Elle se fera voile de misaine, qui toujours gîte par aspiration. Il se précipitera d'instinct dans une débauche de sensations, en kyrielle. Enveloppé de son manteau de songes, il s'allie ainsi l'exaltation du devin dont la parole se perd dans le désert, pour défier les rôles prévus, ceux qui l'attendent au retour. Et s'il est besoin de refaire le scénario, il suffit qu'il en change aussitôt.

Aux portes de l'Iran, le mont Ararat, enneigé, dresse son imposante majesté. Au lieudit Dogu Bayazit, l'élégant palais d'Isak Pacha campe toujours sur un éperon qu'on aperçoit de loin, ceinturé d'une muraille d'où les sultans jetèrent leurs femmes infidèles; son effroyable légende se confond avec la beauté tout aussi saisissante d'un coucher de soleil à Dogu Bayazit. Voilà le palais théâtralisé sous ses projecteurs flamboyants. Les Kurdes se sont retranchés dans les villages écartés des montagnes environnantes, armés. Soudain, l'incident. L'autobus y sera mitraillé, parce que l'Occidental, qui parle français, porte un nom arménien. Comment ne pas croire les récits qui prétendent que les Turcs ne sont capables de gouverner quelqu'un qu'en le coupant en deux? Un brusque repli stratégique vers l'ouest s'est alors imposé.

Le voyage continue, à travers des paysages toujours grandioses: Van et son lac de soude, presque une mer intérieure, et son îlot orné d'une église arménienne, couverte, à l'extérieur, de bas-reliefs d'animaux et de trous de balles; on y a arraché les pierres précieuses qui, dit-on, y étaient incrustées. Bitlis, la belle. Puis un nouveau désert, plus loin sur le trajet, s'étend en direction du sud, où le sable rend la respiration difficile, une chaleur torride s'ajoutant à la poudre blanche. Au cours de cette traversée difficile, un répit: Diyarbakir, sur le Tigre, étage sa beauté entre des murailles qui la gardent fraîche; ce sceau d'une civilisation enchanteresse marque d'inattendu le seuil du désert, qui s'étend jusqu'en Syrie. Direction Malatya. Et bientôt, les monts du Taurus, secoués par les tremblements de terre, s'accordent à la rudesse retrouvée du trajet. Des habitations aux toits de tôle et en parpaings de béton brut, transportables mais aussi engageants qu'une architecture de bidonville, ont remplacé les villages détruits.

Ils referont l'alliance. Pour la première fois de leur vie, la beauté et le danger croisent leur double immensité. Au contact des zones de granit bouleversé, les corps trouveront à se heurter avec lourdeur, leurs masses autonomes s'écarteront et se déposeront comme elles se seront senti frappées. Les secousses de la route se propagent aux formes humaines, pour ainsi dire sculptées. Les voyageurs se mélangent comme ils mangent; c'est l'union des chairs bleues en un corps monstrueux, tentaculaire à cinq membres noués et quarante doigts agrippés. Des creux et des bosses, dessous la couverture, font la métamorphose géophysique, le drap dessus. La bête mobile, érigée, poursuit son excroissance. Des lignes brisées de corps s'enchevêtrent, en y incluant l'épuisement qui s'accumule. Les corps soudés au centre, vissés avec force, prolongeront leurs succions labiales par vagues. La génération d'espaces continue. L'appétit des formes corporelles nouvelles ne s'apaise pas davantage que le désir des lieux où le voyage donne et la terre prend.

Les amants auront tout le temps nécessaire pour parfaire l'œuvre de leurs corps. Il remettront en chantier leur part d'imaginaire susceptible d'action. À ce moment, ils vivent la Turquie: leur humanité s'ouvre à la conscience d'une déchirure, que l'impatience du voyageur heurte en lui-même au contact de ces régions inconnues. Leur richesse n'est pas l'acte en cours, mais le souvenir de cet ailleurs qui se rappellera à eux dans la blancheur d'être là, avec tout nouvel amour. Il y aura maintes places fortes à investir, des villes ensablées à réveiller, des peurs à surmonter. Le temps virera à l'encre. La mer, le désert, la montagne poseront leurs fondations sur le sable sans s'inquiéter. Tous ces reliefs serviront à bâtir l'amour neuf. Nul besoin de permis pour chasser le songe. Le souvenir délite la pierre, l'use et la réduit plus vite que l'érosion, voyage de la terre. Même l'amour ne dure guère plus longtemps que l'usure du corps. Pourtant, ces jambes du marcheur auront permis les plus longues résonances de la vie humaine. Encore faut-il laisser le voyage s'accomplir pleinement dans l'immobilité. Quand à ce corps on demande de ne plus bouger, il reprend le voyage. Sans effort, les souvenirs de Turquie retrouvent leur sens: comme les enluminures d'un temps austère, ils ramènent à l'étude de ce que le présent a de plus riche, la plus belle chose à faire.

Marcel Labine

Tunisie, janvier, désert d'hiver

Chott El-Jerid

Il y a ici au creux des ténèbres
ce lac salé blême et la pénombre
de janvier le matin vers sept heures
le Chott El-Jerid est dans les glaces
craquantes et les larmes presque
croirait-on qu'ici le rose accroché aux nues
suspendu à mon haleine aussi bien
qu'au fond des dunes lointaines
de Tadoussac à l'instant identique
se confondent et soient vrai à la fin
quand nul exotisme ne peut survivre
plus longtemps que le souffle exhalé
de ravissement dans cette croûte étale
aux pieds révélée et la lumière qui croît
aveuglé aussi par tant de réalité là et là
et d'ombres humaines quand c'est l'aube d'hiver

Douz

Il est six heures du soir à Douz
et devant les portes vitrées de l'hôtel
le sable commence s'il peut commencer
s'il est vrai que le désert puisse débuter
en quelque endroit ici ou là c'est ce qu'on dit
et l'on pourrait ainsi marcher jusqu'en Libye
pour commencer et sans arrêt s'il le fallait
monté sur un dromadaire assis au fond
d'une land rover anglaise sur une route
de tôle ondulée ridée comme des visages
de vieilles qui en ont vu d'autres mais

le gardent pour elles jusqu'à la fin du ramadan
jusqu'à l'agneau égorgé suspendu aux tentes
des nomades toutes peaux tendues
qu'on ne voit pas à cause du noir maintenant

Tamerza

Et c'est l'ocre partout de la falaise à la route
au Palace et sur la peau des humains une mine une suie
éclatée à midi sans ombre parce que le soleil
droit n'incline rien mais brûle jusqu'aux cendres
tout souvenir alors il ne reste rien que la solitude
sans nom sans égarement ni eau que la sécheresse
    immense
comme une évidence de plusieurs siècles qui dure
dans les pierres du chemin dans ces voûtes
de roc désertées aux mains des plus vieux
sur leurs lèvres aussi et leurs turbans sans luxe
et l'on se met à rêver de vivre là pour toujours
reclus et prostrés comme de vieux Berbères
silencieux dans cet espace presque sans fin
sans accueil sans un mot remisés à côté
de toutes les langues du monde inutiles

Midès

C'est noir d'abord au bout du regard
aux kilomètres très approximatifs mais à l'approche
ce sont des touffes de femmes denses et vertes
au milieu d'un corps dont on ne voit pas les membres
que le ventre géant qui abreuve des montagnes
tout en crevasses et précipices effrités blonds et crayeux
puis en surplomb il y a la frontière algérienne
avec des fils et des bornes blanches
là où il n'y a pas d'yeux pour les voir
les franchir allez savoir pourquoi
et ce coude à coude tue le désert pour de bon
quand on l'a dans son dos et qu'on contemple retourné
bien malgré soi les collines où rien si peu
ne pousse décharné honteux de vivre
dans un silence insupportable et trompeur

quand assis par terre on attend la prochaine rafale
l'autre coup de couteau contre un ciel égorgé
qui ne demande rien

Grand Erg Oriental

Sans y aller je l'ai vu comme d'autres
sans bouger voyagent tout autant
on va au désert au Grand Erg Oriental
comme on va à une phrase interminable
qu'on ne sait écrire que sur le sable
ou à un geste d'amour répété pas après pas
c'est pareil c'est-à-dire dans la patience sans mesure
qui nous conduira bien après Tataouine
bien après l'extrême pointe du sud jusqu'à Borj el-Khadra
puis plus tard plus loin encore aux confins
qui s'amorcent là tout juste sous mes pieds
et je pense aux chèvres en troupeaux
aux peuples de bivouacs et aux chants obligés
puis je pense à la fin au Harar à Rimbaud à la poussière
de sable balayée pour toujours par l'oubli et le temps

Paul Chanel Malenfant

Carnets de Florence

Sept heures ont sonné au beffroi de la tour.

Stendhal, *Florence*

Il lui semble n'avoir rien vu de Florence durant ces cinq journées parfaites, lumineuses. Ni les extravagantes dorures du *Il Duomo* ni les sombres arcades de la *Galleria degli Uffizi*. Rien. Somnambule. Il aurait erré dans les rues florentines comme en des lieux anonymes du monde.

Ce voyageur est un homme de cinquante ans qui pense intensément à la mort de sa mère. Est-ce moi, effrayé à l'idée de la mort de ma mère, ce désastre à venir qui anéantit déjà les ors et les lumières, qui abolit les merveilles vacillantes de la ville?

Je ne conserverai de tout cela, de ce temps d'insoutenable distraction de la terre, qu'une vague mémoire. Je me souviendrai seulement que partout cela était bleu et beau.

*

Repris de justice. Cinq jours, cinq nuits d'un homme de cinquante ans dans une ville éternelle.

Il a regardé à la fenêtre. On pourrait même dire qu'il n'a fait que cela: regarder à la fenêtre de son hôtel, *Il Guelfo Bianco*. L'éclat des lauriers roses. Les chats maigres sous les feuillages. Des passants, *Via Cavours,* dans la somnolence de la canicule. Des oiseaux fous.

L'attente d'un événement dont il ne veut pas qu'il se produise. Une idée fixe.

Et pendant cinq jours et cinq nuits, cet homme sans rêve, anéanti par la beauté des choses, passe sous silence et court à sa perte dans les rues de Florence.

*

Laissé seul à lui-même avec son âme d'homme vieillissant. Nappes blanches. Ogives. Odeurs de cuir et de cambouis. La femme de chambre, à l'hôtel – col de dentelle et chemise de lin –, le salue, gorge déployée: *Monsieur Paulo! Comme mon fils!*

L'histoire de cet homme surgit d'un trait dans sa mémoire. Ses lueurs. Ses abandons. Marée haute en plein visage.

Et la besace du mendiant sur le parvis de l'église des Saints Innocents, la voix de crécelle de la gitane, l'air de guitare mêlé à la rumeur de la *trattoria,* les choses éclatent d'existence. Tables d'harmonie du monde.

Viendront les larmes, larmes d'âge mûr. Devant l'extrême douceur des collines de San Miniato.

*

Sans raison d'être là et pris de vertige devant l'immensité, en lui, de l'espace vide. Devant ses fêlures, ses blessures. Face à l'imagination obstinée de sa propre mort. Dans le cloître de San Marco, il tourne autour du cèdre millénaire. À sa taille, le souvenir des cerceaux de l'enfance. Mémoire des étés de framboises et de fougères. Éternités lointaines.

Les roses flambent dans les pots de grès. Les pigeons sont immobiles, soudain. Les années n'ont plus cours.

Il se penche à la fenêtre des cellules du couvent. Il écoute les cliquetis de clefs, les murmures de prières. De litanies latines. Les moines marchent sur la pointe des pieds. Tu entends le froissement rugueux des bures. Passé simple.

Et tu voudrais embrasser les mains de l'ange, à genoux devant la Vierge, dans la Visitation de Fra Angelico.

*

Goût de l'orange. Air de violoncelle entre les volets. De la fontaine aux anges sans paupières à la colombe de faïence dans la vitrine, les choses occupent la pensée, endorment le cœur dans du coton doux.

Le voyageur oublie qu'il est en train de vivre, que sa vie passe dans la perte de ses pas parmi les rues de Florence. La lumière baisse dans son dos tandis qu'il s'éloigne avec la ligne d'horizon. Un plan de Bramante, le monde est en ordre. Dans les jardins, les mères bercent leurs enfants sur leurs genoux. Les nuits ne tomberont plus sur la face de la terre. Le temps s'éclipse.

Branle-bas de la lumière. Cet homme de passage entre dans l'éclat du siècle finissant. Dans le tremblement de l'ultime abandon.

*

À l'œuvre du carnet de voyage. Tu penses *au fil des jours* comme les vieilles mères qui savent lire les étoiles et les feuilles de thé. Des matières, des formes sur des socles : du bronze, du marbre. Les corps italiens, de toute éternité, résistent à la ruine. Mélancolie, tu laisses filer les heures, le cours des choses sur la Toscane assoupie.

Col matelot, rayures marines, un éphèbe passe, multiplié aux reflets d'une vitrine. Torsion des hanches, motte de muscles sous le denim. Foule des profils décroissant dans l'ordre du désir. À Florence, le regard laisse des traces sur les murs. Et des tatouages sur la poitrine des adolescents aux anneaux d'or.

Alors tu rêves – *dans les siècles des siècles* – de parler toutes les langues.

*

Épelle ce mot – *éphémère* – pour sa résonance dans les chambres vides. À la *Galleria dell'Academia*, le David défie le temps dominant la théorie des esclaves, défilé des pierres brutes émergeant de la pierre. Vacarme du clignotement des néons, des appareils photographiques.

(Elle disait, faufilant un ourlet de robe, *la vie est trop courte…* Des bleus aux coudes de la mère, des araignées aux cheveux et les lèvres qui tremblent sur le trou de mémoire de la prière. Apprise par cœur.)

(*Dans mon temps…* dit-elle encore avec des gourmandises de pivoines, des élégances de gants de pécari.)

Des guerres, des désastres, des fins du monde entre les gestes du jardin, entre les langes et les limbes. Entre les nouveau-nés et les cadavres. Racines d'ancêtres.

Elle n'a jamais vu ce colosse de marbre. Il a traversé les champs de mort. Voici qu'il avance, debout et triomphant, à perte de vue et nu, comme un fier fils de personne.

*

Qui donc n'a jamais rêvé de le boire, à pleine bouche, son sexe fondant dans la gorge comme une arme à feu? Flux du sperme dans les yeux parmi les terrasses et les coupoles, les arcades, les nébuleuses. Tous les corps érigés de la foule dans la salle fulgurante.

(L'enfant lèche le fer gelé, se brûle les papilles, irrite la plaie du froid sur la langue à vif.)

Les malheurs du monde sont déportés dans le pays d'oubli. L'Histoire efface les portes marquées de rouge. Le sang des fils retrouve le goût de l'oseille et du maïs.

À perpétuité, comme on regarde la mer dans un miroir, les hommes infiniment s'abandonnent à la jouissance. Vienne la pensée de Michelangelo Buonarroti qui, de grand amour, l'aima.

*

Dans la chambre, les ailes de la nuit se sont dissoutes. Dans les limbes, s'en sont allés les anges gardiens de jadis. De tout son corps, il imagine le souffle haletant de sa mère à l'agonie. Et pour mettre son cœur à nu, il allume une lampe.

Au miroir, ralenti, paraît la figure du père, une main sur les lèvres en guise d'adieux. Envol de baisers. Le corps étranger du père sombre dans le grand trou universel.

(Il déposait au fond du jardin des cuves de cendres. Pour la tendresse, j'ai le désir, dans ma main, d'un caillou, d'une noix, d'une plume d'oiseau…)

Et soudain je me désespère de la foule des cadavres mutilés qui jonchent le sol de la planète.

*

Les quais des gares sont si propices à la douleur. Le seul profil de cette femme vêtue de vert, assise sur un banc, un livre sur ses genoux. À ses pieds, trois oranges dans un panier d'osier comme dans un tableau de Cézanne. Dans l'air, du sens, déliquescent.

Et cette scène d'abandon de la femme aux oranges – ma mère? – est plus vraie qu'une nature morte.

HUGUES CORRIVEAU

Vers la lumière

> *La machine du monde est en marche*
> *Je vois mes yeux dans l'eau se poser*
> *sur l'envers soluble de ton visage.*

Paul Chanel Malenfant, *Des ombres portées*

I

Contre le sort, aspirer cet océan d'air. Cette vie inlassable s'acharne au matin d'eau, flux sinueux, le sang traversé. Une femme calcule l'heure aux lignes de ses mains, égare des bribes de phrases qui construisent ma voix: cérémonie somptueuse. Une exaspération d'élytres tient en haleine le mortel enchantement de l'été. C'est la Provence qui chavire sous le mistral. J'ai des os qui font un grésillement d'herbe frappée de feu, des os marqués. J'ai. Cela ne se dit pas vraiment, mais j'aime. Nécessité d'avancer. Ce peuple d'êtres qui hantent les abords de la maison. Crâne surveillé. Dilemme à jamais interrompu. L'âge cherche des trous dans la réalité. Cette propreté tout à coup des squelettes nus!

II

Le mystère redoutable des mots. Cet apprentissage des voyelles au dortoir: fallait-il donc que le pourpre prenne des allures de combat? Sur l'eau, le navire camoufle ses tentations de fuite sous une boue d'embruns salins. Je

m'assois sur les digues, port immobile devant l'écume:
l'apparition de la ligne d'horizon protège l'autre versant
du monde. Le Bic fait des pierres, des rochers, tout un
univers de blocs erratiques. Ce formidable bonheur de
voir en revenir celle qui se penchait il y a peu sur les
draps souillés, sur tout cela qui faisait un enfant. Dépouilles
des vieux rêves de garde-robes, des tentes délabrées quand
la rumeur dispersait les prières. L'inadmissible quête, le
troublant message.

III

J'attends que vienne une faucheuse de sable qui ravalera
cette peau navrante et sans écailles. En ce «terrible cinq
heures du soir»: une libellule. Vapeur glacée qui livre tout
d'elle-même. C'en est fini de ce moment exquis qui suspend la matière dans la poussière des fleurs. J'ai pris
l'ombre au creux de mes paumes: reliquaire fermé. Cisailles
oubliées, le bouquet trahit encore sa touffeur matinale.
En Espagne, quand plombe midi, les cigales s'enfuient au
son de leurs stridents appels. Les corolles ont des formes
de sexes oblongs, ménagerie de pétales, beauté exsangue
des abeilles. Sur le papier de riz, une goutte de sang enlu-
mine le texte de la survie.

IV

Au bout de mon doigt: une relique d'aube sur de la
mousse et, en moi, une fièvre que le peu de rumeur fait
trembler. J'ai eu peur que la nuit n'en finisse jamais tant
l'affolement de voir disparaître les songes échappe à la
raison. Salzbourg est traversé par les vents dominants,
toute musique, chambre d'instruments. Je suis, devant
l'inaccompli, ce que je suis: une esquive brutale. Qu'ai-je
ici à tracer? Le témoignage d'une inquiétude au bord
d'achever sa route, la petitesse meurtrière de l'angoisse. Et
pourtant, bien au-delà de la pente brûlée, je devine intaris-
sable l'opéra. Dans cette répétition, une méprise de plus
compose la permanence, l'inachèvement.

V

Au moment de chuchoter le mot «fruit» se soulève de la pulpe une odeur qui pourrait remettre le jour dans le sens du jour. Le velours ressuscite le soleil du noyau. Un peu plus et je croirais que l'aspect insistant des feuillus rappelle des hanches au paradis balancées. Le froissement des feuilles, cette tempête qui bouleverse les robes, casse en un tournemain la ronde immuable des villes portuaires. À Bruges, quand sonne le carillon, il est neuf heures enfin pour apaiser la faim, pour amener jusqu'à la nuit des fantaisies de cloches envolées. Le charme se rappelle à la mémoire, décrit le saccage des os. L'embrun chasse les éphémères prisonnières des lampes, la transhumance infidèle de tout un destin vécu.

VI

Plus de distance entre le ciel et l'œil : le bleu résumé de la pupille. Une joie, une parcelle d'elle qui jaillit. Nostalgie du vibrement solaire mêlé au roulement des vagues. Portée, bercée, à la surface du globe : molle dérive des pensées. Aux grottes d'ombre se dissimule la paix attendue sur la plaine. Ailleurs aussi, comme si le monde nommait le monde. À l'oreille, le craquement délicieux des branches en mouvement. Barcelone apparaît. La ville appelle les mariées qui promènent leurs voiles dans les rues enchantées. Vivre tient au fil du temps qui sur l'eau s'abandonne. Vivre se résume à l'ivresse temporaire du pollen et des fleurs. La terre se ménage parfois des tendresses moléculaires, d'insolents ravissements d'âme.

VII

Quelquefois s'insinuent d'ombrageuses démissions, des pluies diluviennes, un remuement qui charrie le pollen. Alors la quiétude s'impose, crée l'illusion d'un colibri trop vite venu aux corolles. À Venise, l'exhalaison des canaux revit la marée, invente sous les ponts des souvenirs d'une grâce qui met le cœur en émoi. Les pierres s'ensablent, les places occupées par d'insolites passants arrivés par hasard, les cargos aussi risquent de couler, mais une femme guide les pas perdus jusqu'au quartier juif où Beethoven fait s'écrouler une église dans l'éclat insoutenable de midi. À Venise, l'horizontalité a encore un sens, le corps y connaît ses limites.

VIII

Les villes étrangères sont des bateaux. Si je tends l'oreille pour atteindre leurs bruits, ce défilement sans fin des voitures et des hululements, je sens lever la patience. La paix redonne vie à Rome, à Paris, ma tête rêvant d'offrandes musicales et de psalmodies. Deviner le flux dans les veines, se rappeler le réseau sanguin qui active la machine, et voilà que des orgues monumentales créent des tours de Notre-Dame, des fastes prophétiques en suivant le sillon de la Seine. Quand le tableau s'anime, je divague, cela suffit, entièrement. Une mystérieuse femme souvent traverse le Pont-Neuf. Les nymphéas odorent. À Giverny, peut-être bien.

IX

Des ondes de choc, les ressacs proches. Au milieu de ce brassement d'air, une étrange apocalypse. Celle que j'aime résiste aux ouragans sur les sables mouvants, sur l'étendue glacée du fleuve parvenue jusqu'à elle. Le pays ne s'achève pas à la ligne d'horizon. Après le ciel trop bas, les méandres, les falaises, des Bretagne, des poulpes et des gouvernails trop musicaux tracent des routes vers l'Orient. La terre n'a de fin qu'en sa rondeur éternelle. Appel du sein d'eau aux montagnes ombrageuses. Parvenir au bout de mon âge, au tournis infini de la rose des vents, à l'astrolabe guidant les marins malgré leur entêtement. Et pour l'incomparable plaisir, des fleurs célèbres couvrent d'odeurs les murs d'un musée.

X

Une route s'interrompt à la lisière de mon jardin. Peu s'en faut que s'y noie le soleil au moment de terminer sa rotation stellaire. J'ai marché sur les pavés de Venise. Dans Rome, on entend au-dessus de ses ponts des aboiements à l'aurore parvenue. J'aime. Raconter le voyage, les visions chevillées aux voiliers de passage, aux avions égarés par les traces d'orages. Une femme m'a appris Paris, l'art de se perdre près des ports étrangers, les diminutifs qu'au soir près des saules les poètes murmurent. Et puis, quand incontestable la vie s'apprend tel un alphabet, je construis des cathédrales qui ont des noms comme Chartres ou Vézelay. On y déguste, avant d'entrer sous les portiques, des vins incendiaires qui chavirent plus fort que tous les jazz de New York.

XI

Je ne renonce pas à l'appel ombilical, aux vagissements qu'en ma tête une idée de l'enfance incruste. Devant moi, la femme de New York rythme l'Italie ou l'Allemagne avec des éclats de saxophone qui s'accrochent à chaque note libérée. Elle pique dans un vase d'innombrables roses saumonées chaque fois ponctuées par des coups de klaxon. Le fracas s'étend d'un océan à l'autre, au-dessus des cols de Corse pour la phobie effroyable du vide. Basculé je suis, aux bords des torrents froids: une surdité farouche que chaque saison retrouve. J'aime. Il faut au poème ce rare mot qui à lui seul ouvre. J'ai, par cette senteur d'algues, la nostalgie du lit profond et des édredons de guenilles. La louve lance des appels qui feraient bien tomber les lunes de légende.

XII

Un après-midi d'oiseaux. Quelque chose fait mal dans le sens des os. Mais s'égare la grande migration des oies, un volier qui vers le Sud emporte les embellies. Doute irréparable de leur migration définitive, comme si hurlait la turbulence, le désarroi quand le vide sidéral appuie. J'ai l'espoir si ténu devant l'océanique espace, glace descendue des pôles, cassure des diamants d'eau figée. Un peu plus bas pourtant, elle marche d'un pas léger, et craque la neige. Une manière tranquille d'être amoureuse. Annecy-le-Vieux, au bord de son lac où se renversent les montagnes, porte ses cygnes comme d'autres des diadèmes. Et l'heure passe. Et l'heure tient l'aurore au bout de son fil. J'ai en la voyant devant le golfe une pensée de nuit, une émotion qui produit des frissons. Cette femme transforme le paysage en un couvent de pierres insolubles, revenu d'un siècle si lointain que les matines sonnent.

XIII

Surpris par le plaisir, un sentiment que la raison broie. Une joie aussi. Non pas le délice, mais l'urgence d'elle qui à l'eau va chercher la certitude du destin. Cette femme est. Et j'ai. D'elle, cette perception langoureuse du bonheur et la fraîcheur maritime. Une conque échappée d'une escale: vestige des voyages transatlantiques. Elle écoute un cœur terrestre venu amplifier une désolation d'avant toute présence. À Hyères, sur la grève, des pistes suivies par les crustacés en quête d'un mystère reflué sous les vagues. Elle est là. Ni fleur ni fruit, juste le ciel avalé par l'horizon. Et elle. Simplifiée jusqu'à l'infini, galbe net dans l'œil de la mer. Je suis ses pas remplis de sel. Un début de statue qui au soleil va sécher, sculpture primaire, glorifiant le pli, l'aine, les sucs que laisse le corps advenu.

XIV

Plus que la beauté du sein, le mouillé à la lèvre, sur la joue, une esquisse me hante. Cette femme dit l'eau confiante du petit jour, mammifère marin sillonnant ce lieu dépeuplé. Elle raconte l'écoulement du sang qui chaque mois révèle l'absence des enfants fous. Une manière d'appartenir à la glaise volcanique, de refuser les armes, les bombes et les obus. Couleur définitive des menstrues et cette voix qu'elle a pour sonner l'hallali. Dans le dormant de la nuit, au fond de l'eau, se tiennent sur la pointe des pieds quelques pierrots lunaires qui dansent sur ses paupières. Une saison encore à me faire croire au bonheur submergé des nuages et des vents. Il en va de l'île Saint-Louis comme d'une tarentelle. Un rire chanté noir, un désir d'habiter un soupir qui ravive. La démesure d'aimer. L'impensable splendeur du sexe en émoi.

XV

À Vienne, pendant l'orage, les eaux crevées pour la supplication du corps qui jouit. Un lieu unique étale sa volupté: ce plaisir qui condense «aimer et folie» en un seul murmure. Sous les mers du Sud, le soleil s'écrase et disparaît tout à coup, fendu en deux par la ligne d'horizon, guillotine de la lumière affaiblie. Soudain, le sombre et le repos. L'apaisement. On pénètre alors la mer comme en des bras liquides qui lavent de la naissance, onction saline sur le front. L'amante vient et m'embrasse. Elle. Et au terme de la terre, une sensation exacte de béatitude. Sur la roche, un pêcheur semble attendre que l'océan se vide. Et moi, avec ce rien d'être qui me reste, je me tiens sur la frontière fluide qui sépare la tendresse de la passion.

LOUISE DUPRÉ

Rêverie

L'aube, déjà, qui charrie le sel et le vent, l'odeur du varech, le parfum fade du sable mouillé. Vous cherchez à décoller les paupières pour recueillir dans vos yeux la première lumière du jour. À vos côtés, un homme dort, d'un sommeil large, ouvert, comme il réussit à dormir dans une chambre étrangère. C'est votre homme, oui, vous le regardez en souriant. Il ne se réveillera pas. Pour une heure, deux peut-être, vous resterez étendue sans bouger, vous essaierez de mettre de l'ordre dans la journée qui finira bien par percer le noir. La plage, le repas du midi, une sieste à l'heure où le soleil plombe trop fort pour qu'on puisse le défier, puis une promenade, l'apéritif, et de nouveau le repas, dans un petit restaurant choisi au hasard, après avoir lentement étudié le menu.

Ce n'est pas un vrai voyage. Des vacances, seulement. Ici, il n'y aura pas de découvertes. Les heures succéderont aux heures selon la logique implacable des aiguilles de votre montre, et vous vous retrouverez chaque soir couchée dans ces draps rugueux auprès de votre homme, chaque soir un peu plus bronzée. Cette année, vous aviez besoin de ces jours qui défilent doucement, sans histoire. Le bercement de la mer, et des livres. Le temps ralenti, comme s'il fallait désormais quitter sa vie pour ouvrir une brèche dans la folie du calendrier.

Des cris de joie, maintenant, sur la plage. Des voix d'enfants. Puis les pleurs d'un bambin, et la mère qui sous votre fenêtre le console dans une langue inconnue, sans doute en le prenant dans ses bras. La scène se répétera aujourd'hui dans toutes les langues sur cette boule ronde qui offre de moins en moins de secrets. Archivée, la planète, décrite centimètre par centimètre dans les géographies d'usage, vous pouvez même faire des excursions dans les forêts insensées d'Amazonie, assurée de revenir avec tous vos morceaux.

Vous, l'Amazonie, vous n'y avez jamais songé. Même en regardant des reportages à la télé, les soirs d'ennui. Des oiseaux étranges, leurs cris déchirants dans des arbres dont vous n'arrivez pas à vous rappeler le nom. Qu'importe, au fond, puisque vous n'irez jamais. Ni la protagoniste d'un de vos livres. Ce ne sont pas des aventurières. Elles préfèrent déambuler dans les rues d'une ville, elles entrent dans une librairie ou au musée, elles s'arrêtent parfois, l'été, à la terrasse d'un café, elles observent les passants qui avancent, par vagues régulières, à la sortie du travail, une marée tranquille, comme les flots qui lèchent le sable où vous laisserez bientôt la trace de vos pieds. Car vous marcherez le long de la mer, tous les jours vous vous imposerez une petite balade, jusqu'au gros hôtel, là-bas, au fond de la baie, celui où vous avez refusé d'habiter parce qu'il n'y a pas de chambres avec des balcons donnant sur la mer.

Vous êtes venue dans ce pays pour la mer, plate et calme, à peine traversée de frissons aussitôt avalés par la ligne d'horizon. Calme et plate, oui, un grand lac, a dit votre homme. Vous avez levé les yeux de votre guide touristique et vous avez plongé les yeux dans l'immensité, prise d'une émotion soudaine. C'était ici, tout près, qu'Ulysse avait été séduit par une magicienne. Vous étiez venue ici sans le savoir, sans le savoir vous aviez retrouvé le héros de votre adolescence. Un jour, vous reviendriez, vous suivriez le trajet de son odyssée. Ce voyage-là, vous le feriez, hier vous vous l'êtes juré. Vous y tenez comme à un pèlerinage.

Le mot *pèlerinage,* il résonne à vos oreilles comme une musique d'enfance, les trompettes de la parade, le jour de la Saint-Jean, un feu de sons et de couleurs. Vous preniez place sur le gros mur de pierres avec vos petits frères et vous regardiez les fanfares défiler sous vos yeux. On venait de partout, il y avait des gens qui voyageaient. Des hommes. Votre père aussi, avec son gros camion. Il partait des semaines entières, c'était normal, ces trous dans le temps, vous ne demandiez pas à votre mère quand il reviendrait, vous ne vous inquiétiez pas. Vous ne saviez pas lire, vous n'imaginiez pas la catastrophe.

Elle viendrait, malgré votre ignorance. Cette année-là, vous avez appris des mots qui rimaient, *internement* et *enterrement.* Et puis vous avez su ce qu'était la maladie. Votre père à l'hôpital, les sous qui ne rentraient plus à la maison. Des années il faudrait pour s'en sortir, chuchotait votre mère quand elle vous croyait endormie. Votre père ne voyagerait plus, on avait vendu le camion. Vous n'iriez plus chez votre oncle à la ferme, tous entassés dans la boîte peinte en vert. Vous resteriez dans votre ville, vous vous contenteriez d'emprunter des romans à la biblio- thèque municipale, vous vous retrouveriez désormais dans les pays merveilleux dont sont faits les rêves.

Ni votre mère ni votre père n'ont jamais senti sur leur peau le picotement de l'eau salée. C'est maintenant, alors que vous avez une tache brune sur la main, que vous vous en rendez compte. On peut vivre toute une vie sans jamais avoir vu la mer. Combien de vieillards autour de vous? Vous seriez curieuse de faire une petite enquête dans l'édifice où habite votre mère, des femmes comme elle dont le regard est maintenant tourné vers cette terre de l'ombre qu'on suppose, de l'autre côté du temps. Elle en parle quelquefois, votre mère, elle essaie d'imaginer les paysages dans lesquels elle circulera, après, même si elle n'est pas croyante. Elle ne croit pas, mais elle imagine, sait-on jamais. Personne ne revient de là, alors aussi bien se faire sa propre histoire.

Vous, vous n'en êtes pas encore là. Un jour, pour- tant, vous aurez publié votre dernier livre. Pour l'instant, vous êtes ici, à côté d'un homme qui s'étire tout en vous demandant quelle heure il est. Vous l'embrassez et vous allez tirer les rideaux. La chambre est soudain envahie d'une lumière si crue que vous cherchez à vous protéger les yeux. Entre vos doigts, vous regardez la mer dans laquelle se jettent naïvement des enfants qui croient encore aux contes. Dorée, la mer, fabuleuse, elle se retire main- tenant vers ses profondeurs éternelles, et vous la contem- plez avec cet émerveillement qu'on remarque, chez les malades, quand ils apprennent, au milieu des odeurs de médecine, que la mort restera, pour quelques décennies encore, une idée vague, vague comme les sonorités d'une langue lointaine.

SYLVIE MASSICOTTE

L'idée

Je cours, du matin au soir et parfois même la nuit. Antoine s'accroche à mon col de fourrure synthétique, il crie «maman!» comme si cela pouvait m'arrêter. Et mon portable qui sonne, et l'ourson qui tombe dans la neige sale. Maman…

Tu verses le thé d'un geste qui tremble. La même théière depuis mon enfance. Le thé qui fume, maman, je respire. Il n'y a que chez toi où je peux prendre de telles inspirations, il n'y a que chez toi où je bloque aussi la respiration plutôt que d'affirmer quelque chose, parfois, parce que tu ne comprends pas tout ou que tu comprends trop. Cet après-midi, tu voudrais bien que ce soit moi qui comprenne. Je consulte ma montre. Je n'ai pas beaucoup de temps. Antoine, la garderie qui va bientôt fermer…

Déjà que je suis venue, maman, que j'ai annulé deux rendez-vous, tu devrais te réjouir, mais tu ne te réjouis pas. Tu plisses le front en me tendant une tasse fumante. Celle de papa, l'as-tu remarqué? Ou tu as oublié… Tu dis qu'il fait froid aujourd'hui, plus froid qu'hier, où veux-tu en venir? Je suis pressée, tu sais. Tu ne joues pas au bingo, cet après-midi? Tu hoches la tête. Tu voulais me voir. Je suis venue. Et tu iras avec tes amies, après? Tu fais encore non de la tête. Têtue, maman. Toi aussi. Là-dessus, on se comprend. On se tolère. Là-dessus. Nos têtes dures qui se ressemblent.

Pendant que tu vas chercher le sucre, j'interroge ma boîte vocale. «Tu pitonnes encore…», marmonnes-tu en revenant à table avec le vieux sucrier qui tient le coup, malgré les ans. Tenir le coup. Oui, je pitonne encore… «Vous pitonnez vrai, les jeunes, vous ne faites que ça!» ajoutes-tu. Je ne proteste pas. Discrètement, je jette un œil sur ta télécommande, puis sur la grosse télé encastrée dans ton meuble de style colonial. Le four micro-ondes et le reste, tu n'y échappes pas, maman, tu pitonnes, toi aussi, mais je ne le dis pas. Sinon, on n'en sortirait plus et il faut d'ailleurs que je sorte. Dehors. Dans le plus froid qu'hier.

Tu me demandes de faire attention de ne pas me brûler, mais j'avale quand même quelques gorgées de thé bouillant parce que, bientôt, enfin là, tout de suite, je devrais m'en aller. Je consulte ma montre, encore. Tu feins de ne pas remarquer. J'insiste:

— La garderie… Antoine doit commencer à me réclamer.

— Il ne réclame pas son père, des fois?

— Ce n'est pas sa semaine, maman…

Je me demande ce que tu veux. Dis-le vite. Vite. Même si tout est plus lent pour toi. Tes gestes, ton débit, ton temps à toi, ta saison. Fais vite, pour une fois!

— C'est plus froid qu'hier, répètes-tu. Il neige encore. Les rues doivent être glissantes.

— Tu as raison. Et ce sera plus long avant d'arriver à la garderie.

J'imagine déjà les rues, les feux, j'entends les klaxons. Antoine qui hurle mon nom en lançant son toutou aux pieds d'une éducatrice fatiguée.

— Maman… Il faut que je parte.

— Attends un peu! Prends le temps.

Prendre le temps… Il n'y a que toi pour dire une chose pareille. Je répète malgré moi:

— Prendre le temps…

— Quoi? Vous ne dites plus ça?

— On ne *fait* plus ça.

Le thé m'a mise en confiance, tu vas maintenant me surprendre, me saisir, me blesser, je sais, je sais que je ne suis pas venue pour rien, en plein après-midi, à l'heure du thé, à l'heure où d'habitude tu joues au bingo et à l'heure où j'aurais dû travailler. Je ne suis pas venue pour rien, tu vas m'annoncer que tu as vu le médecin, que tu n'en as plus que pour quelques mois, raconte-moi ce qu'il t'a dit, brise-moi tout de suite, n'attends plus! Je suis pressée, mais j'aurais encore quelques secondes pour réagir, absorber le choc, le trop, éprouver le malaise et me ressaisir, me rendre à l'auto, rejoindre Antoine. Maman, dis-le! Tiens, je vais t'aider:

— Tu as vu ton médecin?

Tu t'étonnes:

— Tu trouves que j'ai l'air malade? C'est plutôt toi qui es un peu pâle. Tu travailles trop. Tu cours tout le temps…

Le médecin, quelle idée! Bon. Tant mieux s'il ne s'agit pas de cela. Mais depuis quand souhaites-tu me voir en semaine, en plein après-midi? Ce n'est quand même pas une fantaisie de ta part. Tu ne commenceras pas cela. Tu ne commenceras pas ces manies de mères possessives qui veulent nous prendre le temps. Prendre le temps… c'est bien ce que tu as dit. Tu ne vas pas commencer à voler le mien en dehors des anniversaires, des Noël et des dimanches. Tu ne vas pas commencer cela, maman, même si je voudrais bien prendre une pause, parfois, m'envelopper dans ton grand châle de mohair sur le canapé pendant que tu ronflerais dans la pièce à côté. Recommencer à jouer aux poupées de papier sur le tapis, dans le silence, faire parler les personnages en chuchotant et courir te réveiller quand tes ronflements ressembleraient trop à des grognements d'ogres méchants. Je voudrais parfois recommencer, les jeux, les poupées de papier et les Barbies, puis non. Pas toi tous les jours. Maintenant, c'est Antoine tous les jours. Antoine qui grogne, à son tour, avec ses jouets qui se métamorphosent, ces objets aux formes géométriques, ces personnages de plus en plus bizarres qu'il commence à affectionner.

— Antoine, maman. Il faut que j'aille.

— J'ai eu une idée… commences-tu enfin.

Tes idées, maman, quelquefois elles sont si bonnes. Mais depuis que tu es seule, tu en as de drôles. Le testament que tu changes tous les mois. L'appartement minuscule que tu cherches quand tu as envie d'élaguer, comme tu dis, le sucrier, la théière, les quelques tasses qui restent, heureusement, tu restes. Je ne prends jamais le temps de te le dire, c'est vrai, je ne prends jamais le temps de t'avouer que j'apprécie que tu restes. «Reste encore», je souffle, en déposant un baiser au milieu de ton pli sur le front qui disparaît aussitôt sous mes lèvres. Tu voulais de la tendresse, maman, c'est tout. Mais ton idée, à propos?

— J'ai gagné au super-bingo, lâches-tu.

— C'est ce que tu voulais m'annoncer?

— Et puis j'ai eu une idée...

Tu te diriges vers le grand buffet où tu as posé toutes les photos d'Antoine à côté de celles de ton mariage et de ma tête de jeune diplômée, puis tu reviens avec une pochette cartonnée que tu me tends. Un soleil imprimé dans le coin droit, un soleil comme Antoine en dessine souvent.

J'ouvre. Je palpe le billet d'avion. Tu vas t'en aller, maman? Non... Tu restes. Et en ramassant ma tasse, tu parles d'un pays où les gens prennent le temps de vivre. Tu as pensé que je pourrais y aller, moi...

Tu t'éloignes avec les tasses vides. Ta voix me parvient, décidée, presque autoritaire:

— Je garderai Antoine.

Jean-Claude Brochu

Séjours de quelques pages
pour une petite esthétique de la sédentarité

> — *Tu es à pied aujourd'hui?*
> — *Oui, à pied, parce que je vais loin.*
> *Il ne sembla pas le moins du monde*
> *étonné par cette logique.*
>
> Gabrielle Roy, *Le vieillard et l'enfant*

Les vrais voyageurs – c'est admis – ne voyagent pas. Ou si peu. Ils rêvent et parfois ils écrivent, en tout et pour tout voyage. Sans savoir conduire l'automobile et sans avoir jamais pris l'avion, s'il me fallait m'astreindre au régime le plus naturel du verbe voyager, qui demeure néanmoins pour moi un verbe absolu, j'écrirais que je voyage *en* papier, feuilles au vent et feuillets sous sulfures offrant les moyens de mes principaux transports. En compagnon qui aurait le bon goût de ne pas écrire, je suivrais peut-être Flaubert, à pied, «par les champs et par les grèves», mais sur mon continent et dans la contemplation de «l'herbe des talus». Le vent levé par mon unique pas me roulerait ailleurs. Je recevrais donc le monde, de temps en temps, comme une invitation à la marche (des pieds ou des doigts). Les pastilles, les amibes de mes vases de verre italien me sont autant d'îles de Murano et de Burano face à Venise où mon pied imaginaire bute contre un célèbre et proustien pavé inégal, juxtaposé dans ma pauvre tête à ceux de notre Jardin botanique. Ainsi va ma vie de voyageur.

1. Paysages de passage

Tout est dans la nature environnante: le verre martelé de mes bibliothèques fin XIXe a le miroitement d'une eau de lac un soir du mois d'août. En haut, au même moment,

les arbres laissent filtrer le rose d'une carafe de style cran-
berry. Profession solennelle du couchant? Il fera beau.
Une invite à se laisser aller: personne n'écoute, personne
ne te lit. De toutes les façons, on ne devrait écrire que
sous le prétexte d'essayer un nouveau stylo.

La pluie, le lendemain, s'inscrira pourtant sur le lac
comme le tracé changeant, donc impossible à suivre, d'une
peinture à numéros. Vingt minutes plus tard, au plus près,
le lac éblouit tellement qu'il est difficile d'y lire s'il pleut
toujours. Encore plus tard, lac gris et sautillant. Des kilomètres plus loin, à regarder des îles dans la brume sur le
Saint-Laurent, le proche se montre le plus lointain: une
impression de Seychelles, rêvées – ai-je besoin de vous le
redire?

Il y a de ces «réalités», comme la mer, que notre œil
échoue à photographier parce qu'elles dépassent l'entende-
ment; on ne s'en souvient – et c'est pareil pour la
douleur, la beauté – que par figures de style. Cher Claude
Roy, nous sommes toujours loin de la mer[1]. Entendez
ici l'inévitable Valéry, avec «la mer, la mer…», dont les
deux syllabes répétées, en plus de repousser l'horizon *ad
infinitum,* claquent comme un drapeau au mât d'une villégiature maritime.

À marée haute, on comprend «les chemins de la
mer». Ces eaux de liberté seraient donc marchables jusqu'à
notre salut. Puis, six heures plus tard, le mirage de l'eau
se retire pour laisser derrière lui l'indigence, quelques traces
de l'insubmersible humain. C'est peine perdue, l'eau n'a
rien baptisé. L'été cloche désormais par l'absence de
touristes et de chaleur.

Rien ne manque à une montagne mouillée par un
fleuve et vers laquelle on s'avance en marchant dans la
plaine.

Montagnes du Vermont par temps gris d'octobre:
l'ensoleillement, néanmoins, vient des arbres.

    Paroi rocheuse enneigée
    noir et blanc
    épreuve d'argent

Des vacances d'une semaine nous font perdre des
points de repère urbains aussi précieux que le jour, l'heure
et l'endroit de la cueillette des ordures. Et le voyage immo-

bile, autant que l'autre, recoupe l'essentiel de toute démarche artistique: s'aliéner le connu. «Changer le mal de place», disaient nos parents. La culture commence par nous rendre étranger à nous-même. Elle exige notre repli, pour nous transformer. Comme l'a exprimé Victor Hugo: «Chose inouïe, c'est au-dedans de soi qu'il faut regarder le dehors.» Ainsi, si voyage il y a, devra-t-il être entouré de longs temps de repos, de désir en amont et de poursuite en aval.

Ce peu d'attirance pour le lointain, je me l'explique en pensant que l'arrière-cour ne m'est pas aussi inconnue que le fond de moi-même. Qu'on ne se trompe pas sur l'intérêt que je prends à ma personne, j'y consens pour mieux laisser l'autre se former en moi: «Autobiographie, dites-vous; peut-être, mais de qui au juste[2]?»

2. Au milieu des objets passeurs

Pour bête, voire anodin, que cela puisse paraître, si l'on veut collectionner la porcelaine, des mains sont nécessaires. «Les mains de beurre» de Christine, dans *Rue Deschambault*, en évitant la catastrophe, conduisent la mère en Italie où elle n'est jamais allée... Je regarde mon Limoges des années vingt, ébahi jusqu'au rêve par les précautions et l'eau salée ou doucement savonneuse qui l'ont porté jusqu'à moi, intrigué par ces très fines tasses qu'une fragilité de cliché m'a tout de même livrées intactes, une vie plus tard. J'ai longtemps cherché pour découvrir que ce goût pour la vaisselle me vient de ma mère: non pas celle d'aujourd'hui, trop près de la mort pour se préoccuper de quelques assiettes, mais la mère de mes dix ans, qui me racontait l'histoire de chaque pièce de verre dépression tendue pour que je l'essuie, une fois par année, lorsqu'elle s'attelait au grand ménage de ses armoires. Hommage lui soit ici rendu, et qu'elle me pardonne...

Lire comme on fait la vaisselle, sans grande adhésion, pour rêver; lire en admettant qu'il faudra recommencer. Le premier voyage de «La route d'Altamont» se présente comme une allégorie de cette (re) lecture. Le non-lieu qu'on y découvre est accessible sans méthode, par hasard, et c'est pourtant d'y arriver qui donne le goût de tous les départs – et de toute lecture.

En plus d'une esthétique, il existe une éthique de la sédentarité. Le monde devient sourd, il nous laisse seul, sur le quai, avec l'impression de rater le train. Lui répondre en restant plutôt sur son balcon comme le vieillard aperçu l'autre jour et qui adopte d'instinct l'immobilité du sphinx, capable de garder un autre chat sur ses genoux, fasciné par l'inerte et résolvant ses propres énigmes: 1. mimez la mort afin qu'elle vous oublie dans la contemplation de ce que vous aimez; 2. toute frugalité ralentit le processus; 3. l'assentiment au voyage commence avec l'immobilité comme le silence répond à la prière (lisez «poésie», si vous n'aimez pas ce mot).

Qu'est-ce qui mérite de nous voir abandonner pour quinze jours, et le chat, et les violettes africaines? (À bien y réfléchir, un chat vaut autant, pour l'exercice, qu'un voyage outre-mer. Ne considérez que toutes les fois, en quinze jours, où vous vous penchez sur lui pour une caresse!) Les pays du monde équivalent-ils à un monde d'objets familiers? Ces choses ont peut-être fait le voyage; écoutons-les nous en parler, puis nous en écrirons. Les choses, on les remise aux oubliettes, qui continuent d'y penser dans l'entretemps. Songez à toutes ces questions auxquelles seules nos choses sauraient répondre. Nos objets ne contiennent-ils pas la totalité de nos mondes? Cette tasse de porcelaine anglaise des années trente ou quarante, sa translucidité de photophore l'anime au point qu'il me suffit de la voir pour prendre le thé à *Howards End*. Elle vous plaît, je vous l'offre; j'insiste, emportez-la. Je pense encore ici à cette figure d'une nouvelle de Jean Éthier-Blais, «striée au peigne» sur un plat chinois en céladon vert olive, et qui, d'un musée parisien, machine son retour au pays natal:

> Pourquoi ne pas tenter l'expérience, fuir? Il se sentait la force mystique d'échapper à l'espace, de retrouver sa liberté, lui, être de méditation, dont toutes les puissances d'immobilité pouvaient se transformer en puissances de mouvement. Il lui vint une idée. Pourquoi ne pas jouer un tour à la gravité, s'amuser à se déplacer, vider les lieux…[3]?

Nos doutes et nos empreintes, comme des traces de l'index de l'apôtre Thomas, ajoutent aux objets un poids d'inertie que leur soustraient nos rêves, télékinésiques. Cette alchimie réclame un grain de notre foi pour atteindre l'œuvre au noir et ainsi libérer la bimbeloterie. Cela pourrait suffire comme but dans la vie: la libération des bibelots.

Surtout que selon un certain Pascal, l'ennui ferait courir l'homme pour lui éviter d'ouvrir sa chambre. Face à mon lit justement, sur lequel je suis couché – la préposition *dans* disposerait moins, ici, au décollage –, Marguerite Yourcenar, avec tout le cachemire de son habituel appareil, se poste tantôt en vigile, à la porte de mes enfers, pour m'empêcher d'y sombrer, tantôt en passeuse des rêves que nous faisons «les yeux ouverts», moi et ce doux fantôme, vers sa France, sa Belgique et son île.

Et puis, une soudaine réminiscence d'un parfum de camisole-de-laine-avec-médailles-contre-la-pneumonie fait se sentir un peu moins seul l'enfant-avec-une-grosse-tête que je suis… comme le «shetland» – encore les îles – inscrit au col de son chandail l'aide à partir:
«La laine des moutons, c'est nous…»
«All we like sheep…»

Le voyage ne vaut qu'en tant que rêve dont la réalisation se raconte. Le *Bescherelle* pourrait se contenter d'en conjuguer le verbe au conditionnel et au passé composé, avec la mention «verbe défectif». Allez relire «Les déserteuses» de Gabrielle Roy pour constater que tout repose sur les mouettes annonciatrices d'un rêve de liberté et le récit de Maman: «Peu à peu nous nous approchions tous de maman pour mieux voir ses yeux qui, avant que ses lèvres les disent, annonçaient les paysages.»

On voyage aussi, paradoxalement, pour mieux coïncider avec sa culture, pour en retrouver les lieux. Utile aux sédentaires habités et aux écrivains, le voyage, sous cette perspective de reconnaissance, se révèle secondaire pour des voyageurs étourdis d'une consommation sitôt livrée à l'oubli. Pour quelques rêveurs, les notes chantées par Monique Leyrac, dont la voix sculpte les parfums d'un poème exotique de Nelligan, comptent plus d'envolées que la vie de nombreux coureurs à la piste des points *air miles*! Si je ne m'abuse, ce sont des vessies qui valent bien des lanternes. Tout compte fait, on ne voyage pas impunément: les voyages devraient nous épurer un peu moins que l'amour. Le sel de la vie a cette propriété de nous défaire et de nous reconstruire plus haut. Fadeur, fadaise des voyages qui nous laissent le regard inchangé.

J'aime les photos de voyage de mes amis: j'y entre et j'en sors, du fond de mon plumard, sans fatigue ni cors aux pieds. L'inconnu réside au bout d'un regard de myope, plus près que la rue voisine. S'asseoir à côté de la beauté la plus quotidienne – donc étrangère –, avec le rêve qu'elle nous visite, suffit à qui cherche un voyage. Un bonheur mémorable m'est ainsi venu sur une véranda, vers sept heures du soir, au début du mois de juin, par de vieux sorbiers et merisiers bien d'ici; et, comme toutes les fulgurantes félicités, mort-né, il n'en est jamais reparti. J'ai bien dû voyager à cet instant, car voilà que je vous raconte.

---

1. Claude Roy, *Sais-tu si nous sommes encore loin de la mer?*, Paris, Gallimard, 1983, 125 p.
2. Jacques Brault, *Au fond du jardin,* Montréal, Noroît, 1996, 140 p., [p. 130].
3. Jean Éthier-Blais, «Le Retour au pays natal», *Liberté,* vol. 36, n° 2 (avril 1994), p. 50-67, [p. 60].

Louise Cotnoir

Morcellement

La voiture jaune au damier noir stoppe devant le *Grand Central Terminal.* L'homme y monte, donne l'adresse de son rendez-vous, en un anglais approximatif.

— *First time in New York?*

Vadim Ioussov est un chauffeur de taxi amène. Il connaît bien cette tension au ventre qui saisit l'étranger quand il n'a plus de repères. Il se réjouit de cet accent français, se met à la conversation, fait rouler dans sa bouche les mots de sa lointaine enfance. Il y a des hasards heureux. Ses phrases sont alambiquées, truffées d'anglicismes et son accent tonique décalé prend souvent des tournures presque comiques. Le client se détend, constate que le conducteur s'est lancé dans un soliloque effréné dont il ne saurait arrêter le flot. Il se contente de sourire, d'acquiescer de la tête ou par un «hum-hum» poli. Le véhicule bifurque. Chaque changement de direction est accompagné de la description touristique gratuite d'un Vadim aveuglé par ce plaisir inespéré. «Times Square», lance-t-il avec l'emphase d'un guide aguerri. Une longue tirade suit. «The Empire State Building!» Et le manège continue. Le passager n'en croit pas ses oreilles. Serait-il tombé sur un hurluberlu? Il se cramponne à son portable.

Vadim roule avec habileté parmi les voitures qui défilent collées les unes aux autres, prêtes à se tamponner, se faufile à travers la houle des piétons, la poussière des chantiers de démolition ou de construction. Il parle, parle. Rappelle la langue d'origine à sa mémoire. Son expression devient de plus en plus harmonieuse, les mots plus précis. La course s'effectue au rythme d'une coulée verbale qui submerge petit à petit l'étranger qui, en réalité, n'en désirait pas tant! Vadim stoppe le compteur. Il est en verve.

— *You have to be confident. I give you a Seeing Tour!*

Le client ne saisit pas le sens exact de la proposition mais, impuissant, il consent d'un hochement de tête, peu convaincu. Vadim discourt de plus belle. Il cherche une manière de refaire l'unité, d'atteindre le noyau de son être. Il raconte les grands-parents venus de Russie, la Révolution, la Grande! La misère à Paris, les parents confrontés à deux langues, à deux emplois pour obtenir les papiers, le logement, etc. Et pour les enfants, Vadim et son frère Anton, les études, l'université, rien de moins. L'espoir d'une profession meilleure, d'une vie plus douce... Et de nouveau, la guerre, le départ vers l'Amérique... Et le petit frère, trop malade, laissé là-bas... Vadim ne s'arrête plus! Comme s'il voulait atténuer l'angoisse du morcellement qui le gruge. Comme on imagine une façon adéquate de se préserver, de tenir à soi.

Il prend conscience soudain que ce métier le tient prisonnier des lieux de passage et, tout à la fois, lui offre mille occasions de repartir ou de disparaître définitivement. Il se confie de plus belle.

Le client s'inquiète maintenant, se sent prisonnier de la toile d'araignée verbale tissée par ce chauffeur. Il est troublé par cette confession inattendue.

Vadim regarde le nom des rues et des avenues, les signaux routiers. Ses yeux restent vigilants pour ne pas brûler un feu, ne pas écraser un piéton. Mais son regard ne sait plus établir le contact, ne scrute jamais un visage, d'autres yeux. Il décide, sans en déchiffrer l'exacte raison logique, de soigner ce client, perdu en Amérique, de lui apprendre l'île, ses quartiers, ses «splendeurs et misères». Il décrit les grands magasins où, pourtant, il n'a jamais eu les moyens de mettre les pieds! Puis, avec un élan qu'il ne saurait justifier si on lui en demandait le motif, il stoppe la voiture.

— Vous aimerez! Un vrai café!

Il invite le voyageur ahuri à descendre. Ensuite, ils pénètrent dans le *Croissant Café*. Vadim oblige son client, presque un ami maintenant, à s'asseoir à une petite table de marbre blanc pour savourer un liquide noir, bien corsé. En effet, l'endroit a tout d'un décor parisien, et l'étranger, pour un peu, se laisserait gagner par le plaisir inespéré que lui offre ce curieux chauffeur. Bon prince, il fait «contre mauvaise fortune, bon cœur». Vadim s'en réjouit, se livre davantage.

Parfois, il ne supporte plus l'horizon bloqué par les édifices, la peau blême sous les néons, le rouge coagulé aux lèvres des femmes, le brun-roux défraîchi des façades. Il voudrait la vie excessive, crue. Il s'invente la neige des steppes, les noires forêts de sapins, le froid mortel en fixant le blanc extrême de la petite table.

À les voir ainsi, en conversation intime, on croirait deux amis de longue date. Ce ne sont que deux étrangers qui apprivoisent l'étrangeté avec des gestes quotidiens, banals.

Direction West Side, Vadim se met à parler de sa femme Maria. Il décrit les merveilleuses broderies qui naissent de ses mains adroites:

— Des mains de fée!

Sans doute étaient-ce ces mains laiteuses et délicates qui, les premières, l'avaient charmé... Et puis, ses yeux charbon l'avaient enflammé! Il s'engage alors dans Greenwich Village. Les cafés, les échoppes italiennes, les restaurants, les boutiques d'artisans se succèdent, témoins vivants de l'immigration européenne d'après-guerre. De jolies maisons à persiennes et à lucarnes sur Commerce Street rassurent un peu le passager français. Il se sent tout à coup vaseux, absent. La ville l'étourdit, comme la voix obsédante et obsédée de Vadim qui abolit le bruit autour d'eux. Il croit reconnaître les noms de quelques galeries célèbres du quartier de Soho. Amateur d'art à ses heures, il se promet d'y revenir, sans ce chauffeur inquiétant. Quand le taxi franchit Canal Street, il se trouve, à sa grande surprise, plongé au cœur du 13e arrondissement de Paris! Des odeurs de mets chinois lui emplissent les narines. L'exotisme des boîtes téléphoniques aux toits en forme de pagodes l'amuse un instant. La ville avec ses multiples visages peu à peu s'infiltre en lui. Cette randonnée rocambolesque finit par le séduire. Et comme Dante descendant aux Enfers, il se laisse guider par ce Virgile russe parlant français, ce compagnon d'âme...

Vadim suit un curieux itinéraire qui aboutit aux quais. Le client, soulagé, il ne sait trop pourquoi, aperçoit la statue de la Liberté. Vadim s'arrête, le fait descendre amicalement, c'est presque un frère maintenant. Et un bras sous le sien et l'autre fièrement dressé, il déclame, en détachant chacun des mots:

Donnez-moi ceux qui sont las, ceux qui sont pauvres,
Vos masses entassées d'air pur,
Les rebuts misérables de vos terres surpeuplées,
Envoyez-les-moi
Les sans patrie ballottés par la tempête
Je lève ma lampe près de la Porte d'Or…[1]

Le client reste bouche bée. Soudain bouleversé, presque ému, comme s'il partageait à présent la détresse de son compagnon de hasard. Silencieux parmi le brouhaha des quais, ils regagnent ensemble la voiture jaune au damier noir. Vadim philosophe un peu:

— Faire le tour de l'île, c'est comme faire le tour du monde, en raccourci. C'est toucher à quelque chose de plus grand que soi.

Il redémarre en prenant une nouvelle direction. Il rentre chez lui.

Les petites échoppes de traiteurs jouxtent les immeubles de cinq ou six étages où s'entassent des familles entières dans des appartements en désuétude. On repère, sur diverses affiches publicitaires, les caractères cyrilliques, on admire les enseignes hébraïques en fer forgé. Le quartier conserve l'aspect délabré des origines, quand les Juifs d'Europe centrale s'y installèrent. Vadim stationne en face d'un petit magasin de fine lingerie: *Little Odessa*.

— Venez. Je vous présente.

Le client, le frère, ne peut refuser une invitation aussi cordiale. Au fond de la boutique, une femme aux traits fatigués, mais belle encore, se lève pour les accueillir. Elle jette un regard curieux vers Vadim.

— Un ami. Du thé, s'il te plaît. Et n'oublie pas la vodka.

Elle disparaît derrière une tenture au large motif de pivoines. Vadim déplace deux chaises cannelées vers une minuscule table d'acajou. La femme revient avec la bouteille de vodka légèrement entamée, et deux petits verres ciselés d'or. Elle se dérobe de nouveau derrière les tentures. Vadim remplit les verres. Ils ingurgitent le premier en silence. Au second, Vadim porte un toast:

— À la gaieté!

Au troisième, ses yeux se mouillent et sa main tremble.

— À la patrie! mais je ne sais plus exactement laquelle!

Et il s'esclaffe d'un rire qui s'apparente au sanglot. Puis, il remplit une dernière fois les verres. Le client refuse, rappelle qu'il doit partir, ce rendez-vous..., etc. «*One for the road*», tente alors Vadim. Et ils boivent d'un seul trait. En toute complicité, presque, Vadim ajoute avant de se lever:

— *L'oubli est une fracture, une brèche, une solution de continuité* [2].

Et il hoche la tête de haut en bas, pour que les mots s'ancrent bien dans la mémoire de l'inconnu, ou dans la sienne. La tête lui tourne un peu, mais c'est l'un des rares plaisirs auquel il ne renonce pas. Des yeux, il fait le tour de son pauvre logis. L'étranger présume qu'il regrette son enfance à Paris, même la Russie dont il ne se souvient que des versions nostalgiques de ses parents. Vadim Ioussov complète sa pensée:

— Le morcellement, la fracture... On peut toujours la colmater, la réparer... Mais les racines? Les racines de l'être, ça met du temps! Dans ce chaos, ce bourbier, cette ville constamment en chantier, comment voulez-vous?...

De sa chambre d'hôtel, près de *Madison Square*, un homme regarde le soleil se coucher sur l'acier des buildings. Il est étourdi. «La vodka!» Le bruit du climatiseur l'irrite. Il regrette maintenant ce Ioussov, son débit verbal. Sa mémoire évoque ce visage disponible, celui d'un parent, voudrait retracer l'itinéraire exact de toutes ces pérégrinations improvisées avec lui. Comme chacun cherche parfois à rassembler, à donner une cohésion plausible à son existence qui n'a pourtant jamais d'itinéraire fixe. Dans ce quartier des «débuts et des espoirs», n'a-t-il pas cru reconnaître certains mots, quelques graffiti dans ce «lacéré anonyme»? Le voyageur songe que la parole étrangère soulève parfois une part affligeante de notre propre détresse. Il s'énerve de ne plus retrouver sa cohésion interne. La chambre reste plongée dans l'obscurité tandis que s'allume la ville tentaculaire. Cette aventure le met en pièces. Le goût de la vodka lui monte de nouveau aux lèvres. L'exubérance de Vadim le fait à présent sourire comme s'il la portait déjà en lui. Et les mots en caractères cyrilliques, et ce nom de la boutique *Little Odessa*. Pourquoi tout ce malheur lui semble-t-il si familier? Il se perd peu à peu en conjectures troublantes… Il voudrait quitter cette ville, ce pays où l'on peut affirmer une chose et son contraire en même temps et où un simple chauffeur de taxi peut vous plonger dans un doute inquiétant.

* * *

Quelques jours plus tard, il fait tout à fait nuit sur Manhattan quand l'étranger demande un taxi pour l'aéroport. Il hésite un peu à réclamer les services d'un certain Vadim Ioussov… Il craint trop que la standardiste, d'une voix polie mais ferme, lui réplique qu'elle regrette. Que la compagnie n'a aucun chauffeur de ce nom. Ces quelques phrases stéréotypées lui rappelleraient la précarité de sa propre existence.

---

1. Emma Lazareus, *Le nouveau colosse* (poème à la statue de la Liberté).

2. Louise Bouchard, *Décalage vers le bleu*.

FRANCE MONGEAU

Hautes erres

Quand j'étais enfant abandonnée, chaque arbre portait un nom. Chacun formant une ombre cachette.

Nous y rassemblions nos trésors: des bois nouveaux du bout du monde, des outils compliqués, des matières rugueuses porteuses d'or et d'aube. Accroupis l'un et l'une auprès de l'autre, hanche contre hanche.

Dans cette mesure de l'errance se logeaient les plus belles histoires et mon refus de désespérer.

Avec eux, toutes traces rompues, toutes traces effacées au-delà de ma tristesse inutile. Je rejoignais quelque ancêtre.

Nous étions vent debout grondant, femme-émue et homme-chanté dans le milieu des eaux. Nous fabriquions figure de proue, les corps tendus comme cordes tendues. Les autres vents de la quête, d'est en ouest jumeaux, nous portaient dans les heures hurlantes des brises.

J'étais saison d'eau douce.

*

Quand j'étais enfant errant, battant longues enjambées, mi-fuite mi-conquête, j'habitais le feuilleté de l'immédiat.

Nous étions vagues chantant comme hautbois levé des cavernes. Vagues debout comme femme-poisson et homme-répété au tendre de nos plaines, nous repoussant dans les labeurs du jour.

La clameur incessante des colères s'accrochant au décompte des heures jours semaines siècles était toujours aveugle, toujours était sourde à la vitalité de l'instant.

Dormant l'un et l'une étrangers à l'autre, tête aimée contre tête aimée, nous tissions des montagnes, le bronze de nos armes préparé.

Et je chantais ma pudeur ou ma joie arrachées par
mes poings fermés à notre pauvre tumulte.

*

Quand j'étais enfant désespérée, la puissance de mes
bras à porter le bois des outils vous étonnait. J'étais homme
clandestin et frontières.

*Les feux tremblés des phares, feux debout me trompant,
nous offraient le soleil et les nuits. La limaille des terres et
des roches, ramassée, entassée, conservée par nos mains habiles,
foisonnait de mica et d'eau forte.*

J'étais encore l'exil, et colère et désordre.

Ainsi je fabriquais des saisons étrangères aux sels et
aux fruits farineux. Mes yeux fascinés par les herbes hautes
devenues forêts et villes d'étoffes claires.

*Les couleurs choisies dans le pourpre de nos veines tra-
versaient la terre folle, cherchant la lumière, sa rondeur, ses
excès. Les couleurs choisies dans les pourpres de nos veines,
minérales et moussues, racontaient des histoires.*

*

Quand j'étais enfant meurtrie, l'aigle blanc dans le
vif argent de mes somnolences était l'exil espéré et l'idée
de regard et de reconnaissance.

*La terre, debout tremblante comme un arbre lisière,
nous dénudait, femme-clameur et homme-aimé au milieu
du sommeil, écoutant la langue de nos chants dans l'aveu
du petit jour.*

Chaque voyage amoureux devenait un présent, une
autre nuance fine, pâle souffle dans mes après-midi.

*Nous sculptions des forêts au plus sombre de nos mains,
fouillant les entrailles de la terre, son odeur d'errance et de
siècles, son souffle poreux, friable. Nous approchions des
harmonies et des tambours de sa voix, comme font déjà les
roses des sables et les roses des vents.*

J'étais pierre forage.

*

Quand j'étais enfant vigile, j'habitais les hautes erres. Ces traces anciennes effacées par la lourdeur de vos pas, mais impossibles à fuir. Je pouvais être eau folle et beauté.

Les feux, dans les langues de mon ordre, deviennent maisons et labours, papiers et marches, temples, racines, souches ferreuses.

Et les arbres auprès de moi ont mille ans, ils font de l'ombre, une lumière de vent du large au bout des branches. Les arbres auprès de moi respirent, tanguent, clament haut leur désir.

MADELEINE MONETTE

«Pégase! À pleins gaz!»

À J. Allard

Dans la baignoire qui refroidit, Arièle soulève ses jambes pour qu'elles flottent comme détachées de l'aine, elle abandonne ses pieds et voit ses genoux monter en pics, à la surface de l'eau.

Depuis la cuisine où elle a oublié d'éteindre la radio, une conversation en grec circule à vide dans l'appartement. L'émission est entrecoupée de chansons traditionnelles comme de néons clignotants, pour qu'il n'y ait pas méprise sur le créneau ethnique. Il y a longtemps qu'Arièle n'écoute plus la radio en français. Déjà Walter, son ex-amant, trouvait bizarre qu'elle se lève chaque matin au son de reportages obscurs, qu'elle prépare les repas en suivant des discours impénétrables sur l'état du monde, publicités et météo comprises. Mais ce qui la séduit, c'est justement la mélodie opaque, le faux mystère d'un charabia programmé où surgissent des trous de lumière, ici un nom de personnalité ou d'endroit, là un titre de film qu'elle reconnaît. Au-delà de ces balises, elle s'attarde au rythme des montées et des descentes, mais surtout à la qualité des consonnes et des voyelles, au travail particulier de la bouche. Dans chaque volée de mots, c'est l'humanité des autres qui lui échappe, qui l'exclut et la sollicite en même temps. Ces bruits codés sont plus énigmatiques pour elle que les reliefs d'un visage, quoique tout aussi découpés et prévisibles. C'est comme pour Théo, son cousin aveugle, qui en palpant la figure d'un étranger entre en contact avec une sorte de silence qualifié. S'il ne devine pas tout de suite ce qu'il y a derrière, il est reconnaissant et affamé de ce qui s'offre là.

Sur fond de bouzouki, Arièle entend Walter lui répéter que l'inconscient selon Freud est comparable à une langue étrangère, et que ça vaudrait le coup d'explorer ça. Mais Walter n'a jamais poussé l'idée plus loin, satisfait de cette seule réaction intelligente à la marotte de sa femme, fier de cette fine trouvaille qui masquait une irritation grandissante, un début d'aversion.

Ayant rouvert le robinet d'eau chaude à plein jet, Arièle enlève le bouchon de la baignoire. Un courant brûlant s'empare de ses pieds, puis se propage dans la tiédeur où reposent ses cuisses et son ventre, en perçant l'eau déjà trouble comme une injection épaisse. Les chevilles cramées, Arièle ramène les genoux sur la poitrine et rame pour mélanger les températures, pour lisser la soupe.

Dans l'eau de nouveau fumante qui lèche la pointe de ses épaules, créant des îles flottantes, Arièle croit éprouver un début de faiblesse, une molle ivresse pas désagréable du tout qui pourrait tourner en évanouissement, tant son cœur est lent et sa tête délestée. Sans doute devrait-elle sortir de là mais, sentant son crâne mouillé se glacer, elle s'enfonce plutôt jusqu'à ce que ses courts cheveux se détachent, s'ouvrent en couronne ondulante. Le visage couché à la surface, encerclé tel un iceberg délicat, elle étend les bras et prétend qu'ils se terminent en feuilles de nénuphar, qu'ils retiennent de grandes mains planes sans volonté. Par habitude, elle cherche à se recentrer en faisant appel à ses sens, elle devient un recueil vivant d'images. Ses oreilles qu'elle voudrait garder à flot, mais qui recalent sans cesse dans le bain sourd, sont tantôt noyées comme des grottes, tantôt juste voilées. Plus l'eau va et vient dans les conques, plus son clapotis infime s'amplifie.

Bientôt, Arièle se revoit à dix-sept ans avec Théo dans une voiture qui rase la mer, qui tranche les vagues montantes comme elle défoncerait des murs de vase, fenêtres ouvertes aux embruns.

Un peu avant minuit, un soir de vacances au ciel couvert, la grosse familiale file sur le rivage à marée haute, elle teste la fermeté du sable battu et tape sur des rochers plats, qui affleurent en croûtes. Râpant les crêtes d'écume ou surfant sur le ventre, les roues momentanément enfouies sous l'eau, elle charge au hasard et à l'intuition dans l'obscurité, elle bruisse comme un torrent qui s'ouvre, puis elle claque à répétition comme si elle avançait sur des rondins, elle fend la nuit permanente de Théo à la grâce de dieu, la déchire sans promesse de lumière au-delà, cette nuit nébuleuse qu'Arièle partage avec lui cette fois, étourdie de frayeur et d'émerveillement, car elle lui a laissé le volant.

Lui qui n'y voit déjà presque rien, qui évolue parmi des taches grossièrement brossées, dans des tableaux fracturés ou des décors engloutis, qui marche derrière les débris flottants de ses yeux, a eu l'idée de célébrer la pleine lune en faisant sur la plage une manière de «joyride», comme les gamins dans des voitures volées, une balade que la tante d'Arièle leur aurait sûrement défendue en les traitant de jolis fous, même sans savoir qui conduirait au bout du compte. Il est dommage que la lune soit invisible au fond d'un ciel bouché, derrière un bas plafond de nuages, mais ce contretemps ne diminue pas leur enthousiasme, il ajoute plutôt à la vérité du moment. Pour Théo cela ne fait pas de différence, puisqu'il discernerait au mieux une goutte pâle, un frottis blanc dans le ciel, et pour Arièle qui aime se mettre à sa place, ce n'est qu'une autre chance d'imaginer avec lui ce qu'il ne voit pas nettement, n'a même jamais vu.

Quand la voiture mord dans un tapis d'eau, quand elle traverse une succession de vagues déferlantes et donne l'impression de prendre la mer, en ne roulant pourtant que dans les souffles de la marée, Arièle contemple les ailes d'anges qui montent des roues arrière. «Pégase! À pleins gaz!» crie-t-elle comme une perdue, en songeant au cheval volant des poètes. Plus tard, entre les impacts qui suspendent le véhicule dans de fortes secousses, elle raconte à tue-tête les autoroutes balayées par des pluies diluviennes, où de hautes plumes d'eau jaillissent de part et d'autre des pare-chocs, dans une course soudain immatérielle, un étrange défilé. C'est que malgré ses trépidations, Arièle n'oublie pas son rôle de reporteuse, qui la rend plus amoureuse d'elle-même et du monde, qui fait autant de bien à Théo qu'un euphorisant ou du speed. Du moins à ce qu'il dit, fier d'avoir déjà essayé ça aussi.

Côté passager, Arièle se concentre sur la noirceur qui s'écarte juste devant eux, comme dans les tempêtes de neige où d'épais flocons se ruent sur le pare-brise, comme dans les brouillards qui se défont à la dernière minute, si bien qu'on n'est plus qu'un paquet de réflexes. Loin de la pédale de frein, déterminée à ne pas toucher le volant, elle est plus palpitante d'excitation que si elle manœuvrait elle-même la voiture, après tout ce sont ses yeux à elle qui conduisent, sa voix qui pilote.

Elle et Théo, passés grands ducs des piscines de la ville depuis longtemps, sont au bord de la mer pour la toute première fois. La tante Marthe qui gardait souvent Arièle quand elle était petite, disant qu'un enfant de plus ou de moins lui était égal, a divorcé de l'oncle René et vit maintenant en célibataire, dans un village côtier du sud. Si elle voit rarement ses grands garçons, elle paraît chercher la faveur de son unique nièce pour se faire pardonner d'anciennes horreurs familiales; elle est pleine de bonne volonté à son égard, d'une tolérance qui n'a rien d'autoritaire. Ainsi, l'ayant invitée avec une amie de son choix, elle ne s'est pas permis un seul commentaire sur Théo, ce cousin d'Arièle du côté paternel qu'elle ne connaissait pas, qu'elle semble tenir pour un curieux compagnon et qui l'intimide de toute évidence; elle n'a pas exprimé un seul doute sur l'affection qui les lie, même à cet âge où les corps sont irrésistibles au sens fort du mot, c'est-à-dire impérieux. Elle veut faire confiance à sa nièce, être aimable avec elle uniformément et sans faillir, quitte à approuver d'avance toutes ses décisions. C'est au point que l'adolescente croit avoir l'ascendant sur l'adulte.

Depuis le début des vacances, avec la même générosité aussi discrète que zélée, la tante Marthe prête sa voiture à Arièle sans s'inquiéter de son jeune âge ni de son peu d'expérience, à la condition qu'elle ne laisse personne d'autre conduire. Bien entendu, il ne lui viendrait pas à l'esprit de se méfier de Théo, ce garçon aux yeux éteints derrière des verres noirs.

Arièle garde un vif souvenir de son cousin ce soir-là, juste avant leur équipée sur la plage. Enchanté d'être sur la route avec elle, saisi d'impatiences d'enfant depuis qu'elle a son permis, il se meurt d'envie de recevoir son baptême du volant. Leur séjour sur la côte tire à sa fin, c'est le temps ou jamais de faire la fête, de se donner pleine liberté en mariant la noirceur à la vitesse, de ressentir la mer autrement en la joignant à la nuit par un grand zip, d'enfiler une nouvelle ligne d'horizon qui n'appartiendra qu'à eux, les malvoyants. La plage est déserte à cette heure, c'est bien mieux qu'un parc de stationnement pour faire ses débuts, surtout quand on ne demande qu'à prendre le vent. D'ailleurs la lune s'est levée entière au-dessus de la mer, il y a de quoi se réjouir de l'événement, de quoi aller à sa rencontre pour hurler un peu. Et tant pis si le mauvais temps la cache.

Dans son blouson de cuir brun râpé, qu'il porte sur un vieux gilet à dos de satin et rien d'autre, son vrai blouson de pilote qu'il appelle en anglais son *bomber* en pensant moins à l'armée qu'aux *bums* ou aux décalés, dans son jean aux fesses et aux genoux blanchis dont les jambes plongent dans des bottes de moto, avec ses cheveux châtains lissés loin du front où un éventail de bâtonnets ne cesse de retomber, en appelant un geste insoucieux de la main, Théo a un look d'enfer. Pendant qu'il fait part de son plan à Arièle, certain de ne pas avoir à insister terriblement, elle s'étonne qu'il soit aussi conscient de son style, qu'il ait une aussi belle tête sans jamais se regarder dans un miroir, ni voir les autres. Comme chaque fois qu'il veut quelque chose, qu'il attend en se croyant un point de mire, il tend le visage un peu trop haut à la manière d'un chanteur qui tient une note aiguë, mais Arièle aime cette façon qu'il a de s'affirmer, de surnager au noir qui l'entoure. Convaincue d'être son seul espoir, ce qui exalte ses sentiments et la rend courageuse, elle trahit la tante Marthe et se dirige vers la grève, où elle glisse la clé de contact dans la main de Théo.

La carrosserie est étanche, elle accuse les coups sans que le fond cède, elle écume les lames sans que la moquette s'imbibe encore, mais le paysage entre par les fenêtres tantôt en gifles d'eau, tantôt en gras postillons ou en rafales d'aiguilles. Ni Théo ni Arièle ne lèvent toutefois leurs vitres, dédaignant la protection d'une coque insonorisée. D'un commun accord, ils refusent de bloquer le vacarme accidenté de la mer, les claques de la marée qui les retiennent soudain dans une glu tremblante, les durs clapotements qui les portent, les éclaboussures mousseuses et les lapements secs, les lenteurs chuintantes du sable. Car dans ce décor dont la profondeur leur échappe et qui se referme tout de suite sur eux, il n'y a que ces bruits pour leur en mettre plein la vue.

Au milieu d'une courbe menant à un cap, qu'ils ont souvent longée à pied en oubliant combien ça tournait, une grande roche feuilletée grimpe en croissant jusqu'à la route, baleine desséchée aux deux tiers ensevelie. Arièle suggère à Théo de freiner en douceur, puis de braquer à gauche dès qu'il rencontrera du solide: sur cette cale de halage naturelle, la remontée sera moins difficile. Au-delà d'un lampadaire qui fait l'effet d'un phare solitaire, dans ce village de couche-tôt où tout le monde doit dormir, y compris les agents de police, la nuit est si dense qu'elle pourrait cacher un autre océan. Théo, à la fois alerte et pénétré de lui-même, n'est plus de la tête aux pieds qu'un détecteur vivant, il maîtrise la voiture avec une solennité pas du tout vaniteuse. Il ne s'agit pas pour lui d'agir comme s'il voyait, mais plutôt de faire une expérience banale qui lui est interdite, de ressentir dans son corps les gestes des autres. Les coudes tendus et les épaules dressées loin des commandes, puisqu'il n'y a rien à scruter là devant lui, il est un instrument sensible et bien accordé, il a l'esprit frémissant et fragile des coureurs de rallye, en bout de parcours.

Sur la pente raboteuse, une fois les vagues dans le dos, Théo manie expertement le levier de vitesses pour passer au point mort, puis il s'apprête à ouvrir la portière. Tu ne me ramènes pas à la maison? fait Arièle, surprise que ces mots-là lui sortent de la bouche.

Théo ne se contient plus d'amour pour elle, il lèche un grand *yes* de satisfaction en renversant la tête, l'air de n'avoir attendu que ça.

La voiture cahote jusqu'à la route, puis s'allonge sur le velouté du pavé. Elle roule à moins de trente kilomètres-heure, mais Théo n'est plus tenté de foncer. Éprouvant à peine la vitesse du véhicule, il n'appuie plus sur l'accélérateur que pour l'empêcher de s'arrêter; prudent mais surtout heureux jusqu'au ravissement, il s'installe dans une nouvelle sensation du temps. La direction assistée est un peu trop douce, elle favorise des mouvements amples, si bien que Théo tend à dépasser la ligne blanche. Arièle reste calme, ne fait que lâcher à voix basse de petites indications succinctes, comme elle guiderait la sonde optique d'un chirurgien, sans vouloir causer de panique. Dès qu'elle s'aperçoit que Théo devine les intersections éclairées, qu'il ralentit de lui-même à l'approche d'autres phares, elle l'abandonne autant que possible à son défi, elle se retient de parler pour le diriger. Alors la fête devient une réjouissance presque grave.

Les rues sont droites et tranquilles, si longues qu'elles semblent faire trop de place à leurs cœurs affolés. Il n'y a qu'à aller devant soi en cédant parfois le passage, se répète Arièle pour chasser d'abord le sentiment d'une infraction pire que la précédente, ensuite le tableau absurde d'un aveugle au volant. Dans une zone sans aucune lumière, ils avancent comme des pêcheurs nocturnes précédés d'un fanal en proue, lorsque Théo réagit à l'éclat de l'enseigne d'un bar et lâche brusquement l'accélérateur.

On est sur le point d'arriver! annonce-t-il, en ignorant le hoquet qui manque d'immobiliser la voiture à cette allure d'escargot. Bien sûr, il se rend compte qu'Arièle lui a passé un simple caprice, alors que pour un autre garçon ce serait un grand pas dans la vie, un rite de passage. Mais il continue de la surprendre, car ce n'est pas ce qui l'occupe en ce moment sous son front aux yeux noyés, dans son atmosphère d'éclipse.

Elle a autant de pouvoir qu'une astronaute, ne voit-elle pas? L'immensité qui s'ouvre devant elle, les distances avalées en un rien de temps, la possibilité de s'échapper? Une auto à elle, *man!*... Ce serait la fuite des galaxies!

Il n'y a que lui pour oser de tels parallèles, mais Arièle a l'habitude des démesures de Théo, qui met tous ses rêves inaccessibles sur le même plan. En fait, c'est lui qui porte le cosmos dans sa tête, qui observe la terre de loin à travers ses rétines abîmées, qui voit le réel surgir et disparaître dans des poussières d'étoiles, dans des brumes bigarrées, qui vogue entre des météorites aux contours fuyants. Depuis l'enfance, ne franchit-il pas l'espace comme un rideau qui n'en finit plus de s'entrouvrir, de défaire l'abondance de ses plis? Mais Arièle n'en dit rien, elle se retient de lui en faire la remarque, parce qu'elle voit souvent combien l'exaspèrent les possibilités du vide, les mélanges de la nuit où tout est suspendu ou en dérive, et combien lui importent la prévisibilité du monde physique, la résistance précise et continue des choses, dont il doit mémoriser la place exacte et la forme, la texture et le poids, la mécanique inévitable, comme d'autres apprendraient des poèmes par cœur, les veinards! Et puis elle sait qu'il vit confiné aussi dans un laboratoire, où il doit presser le visage sur chaque objet, le nettoyer à la brosse pour le désensabler, le tirer en quelque sorte de sa préhistoire. Ce qui n'a rien de planant, admet-il lui-même.

La maison de la tante Marthe émerge enfin sur la gauche. Les baies vitrées du salon jettent des rectangles laiteux à leurs pieds, ponts-levis abaissés sur les ténèbres du jardin. Arièle est aux aguets, elle épie les moindres secousses d'ombre, prête à voir une silhouette là où la brise ne fait que remuer les rideaux de voile, mais elle n'oublie pas que Théo doit s'engager à temps dans l'échappée du garage. Avant que la voiture ne commence à longer la pelouse, Arièle aperçoit sa tante à moitié assise sur le dos du canapé, face à la fenêtre centrale qui est grande ouverte. Elle doit s'être installée là avec sa traditionnelle tisane, pour prendre l'air devant cette rue dont elle ne peut rien attendre, qui n'offre pas même l'espoir d'un spectacle anodin, mais elle pourrait aussi surveiller leur arrivée, que font-ils dehors si tard! où peuvent-ils traîner à une heure du matin?... Dans le sillage du vent qui fait ballonner le voilage devant elle, qui suspend une jupe immense autour de sa taille, elle se dresse sur ses pieds dès que la voiture passe devant la lanterne de jardin. Mais Arièle n'a pas le temps de s'inquiéter du visage illuminé de Théo, il faut déjà tourner en évitant de rogner le bord du trottoir.

Lorsque Arièle rentre avec Théo sur ses talons, la tante Marthe s'est rassise sur le bout des fesses, les jambes croisées loin devant elle. Peu importe ce qu'elle a vu, elle ne leur tend pas de miroir. La tête dans ses épaules aussi fermées qu'une paire d'ailes, elle tient sa tasse à deux mains devant ses lèvres, comme pour avaler à petits coups un liquide fumant. Même bleue de rage, elle ne dirait rien.

(Tiré et adapté d'un roman en préparation)

HÉLÈNE RIOUX

Le désir de la mer

Ça commence toujours par le bruit de la mer. Des vagues longues qui roulent sur un lointain rivage. La lune s'y mire – son reflet tremble sur les flots noirs. À minuit exactement, tous les soirs de la semaine – sauf le dimanche. Pour Rose, c'est ainsi que commence la nuit.

Au fil des soirs, elle a imaginé un rituel afin d'être prête quand l'enchantement viendra. À dix heures et demie, elle prend un long bain parfumé et très chaud. Elle détend ses muscles, libère son esprit. Dans l'élément premier, tel un fœtus dans son cocon, elle retrouve l'origine. Bientôt, le vide sera total, dans sa tête, dans son cœur, et elle aura atteint l'état de grâce. Tous les tracas de la journée seront évacués: enfermés dans les bulles, ils éclateront à la surface ou se fondront dans l'eau. Elle se souvient des techniques apprises il y a longtemps à des cours de yoga. Profondes respirations. Un, deux, trois, inspire. Lentement. Un, deux, trois, expire. On pourrait ne faire que cela, le faire à l'infini, sans bouger davantage. Inspire, expire, jusqu'à la fin du monde. Yin, yang. Flux, reflux. Bercée par la respiration de l'univers. Confondue avec lui… Car c'est ainsi que cela doit être.

À onze heures et quart, Rose sort de la baignoire. Nue devant le miroir, elle masse son corps avec un lait adoucissant, s'attarde aux endroits où la peau est plus rude, coudes, genoux, talons. Elle applique une crème de nuit sur son visage, brosse ses dents, puis ses cheveux avec la brosse dure en soies de sanglier. Cent coups, les cheveux brillent, la circulation est stimulée, le cuir chevelu, fortifié. Elle se gargarise avec un rince-bouche au thé des bois, examine la ligne de ses sourcils, arrache un poil ou deux. Il ne doit pas rester d'imperfection. La tête, le cœur, le corps, à l'unisson.

Elle enfile alors une de ses chemises de nuit à l'ancienne, blanche, aux manches bouffantes, au corsage orné d'un empiècement en nid d'abeilles, elle vaporise sur ses poignets et derrière ses oreilles quelques gouttes de ce parfum très cher qu'elle ne porte jamais le jour. Tous ces gestes, elle les fait lentement, presque voluptueusement. Elle sourit à son reflet dans le miroir. Cheveux lustrés, peau de velours. Une laque nacrée scintille discrètement sur ses ongles d'orteil. Elle se sent pure et belle.

Elle entre dans le salon, jette un regard circulaire. Tout est en ordre. À minuit moins quart, elle se verse un verre de vieux porto, le dépose sur la table à café. À minuit moins trois, elle allume une bougie dans le chandelier de bronze, un cône d'encens dont les effluves de jasmin embaumeront bientôt la pièce. Elle éteint la lumière. Les rideaux ne sont pas tirés: elle aime apercevoir la lune dans la fenêtre. À minuit moins une, elle s'allonge sur le canapé, pose la tête sur le coussin. Les battements de son cœur s'accélèrent. Me voici, mon amour, me voici prête pour te recevoir. À minuit, elle tend la main vers le bouton de la radio.

* * *

La mer est là, toujours fidèle au rendez-vous, toujours fidèle, et sa présence submerge Rose. Les vagues roulent, leur écume éclabousse les galets. Instant magique: l'air salin se mêle au parfum du jasmin.

Puis la voix vient, cette voix grave qui dit sur la mer des choses émouvantes, si vraies. Et remplies de sagesse. La voix précède la musique. Selon les soirs, elle parle de la mer, de l'amour, de la vie. Même de la mort, mais toujours avec une sérénité parfaite. Parfois elle cite une strophe d'un poème, une pensée de Lao-Tseu. Ce soir, c'est Baudelaire. La voix dit: *Homme libre, toujours tu chériras la mer.* Rose ferme les yeux, la voix pénètre en elle, Rose la sent se frayer un chemin jusqu'à son cœur. Dans sa poitrine, la chaleur se propage. La voix devine toujours ce que Rose aura envie d'entendre, la voix comble son désir avant même qu'il soit formulé.

Des notes de flûte indienne s'immiscent, comme si vraiment la mer chantait et que son chant montait de profondeurs secrètes. Bientôt, les vagues se taisent. Il ne reste que la musique. C'est l'apaisement.

Mais dans le cœur de Rose, les vagues sont restées. Et déjà elle a quitté le salon, dans la robe blanche, elle a plané comme un ange au-dessus des forêts, des champs et des villes, oh! si légère. Elle s'est posée sur la plage d'English Bay, devant le Pacifique.

Après la musique, quelques secondes de silence. Puis, la voix reprend. Elle dit que la mer a de tout temps inspiré les poètes. Elle parle de la vie tourmentée de Baudelaire, des images éblouissantes engendrées par sa mélancolie. Elle propose d'écouter Erik Satie.

D'autres musiques suivent – musique de l'Inde, jazz, gospel, une chanson chantée en grec par Melina Mercouri – entrecoupées de propos prononcés par la voix. À une heure moins deux, comme avec regret, la voix dit: «C'est sur ces notes que nous devons nous quitter. Ici Julien Deville qui vous souhaite une excellente nuit et vous propose de nous retrouver demain à la même heure, pour un autre voyage.»

Rose murmure: «Merci, mon amour» ou «À demain». Elle éteint la radio et souffle la bougie.

Robert Sylvestre
L'accès au cœur
poésie, 64 p., 16 $

Le visage est lent à paraître, de l'homme qui s'est miré dans le tissu des pierres. Il s'y dessine enfin paré des attributs du désert: sable, éclats, vents, soleils ruisselants et nuits parfumées. L'angoisse, prégnante, y dissout les peurs, jusqu'à l'accès au cœur insolite. Le projet se joue dans la durée.

Michel Côté
Au commencement la lumière
poésie, 80 p., 18 $

Ce long poème est un hymne à l'excès du visible, un rituel par lequel les mots s'éploient au large du sens et se modifient au fil des clartés humaines. Tout droit sur le corps, à l'âge des automnes, la lumière vient à la transparence. Dans le regard, des rondeurs, des droitures partent, viennent puis disparaissent, tels des soleils ou des lettres dans l'arrondi de la main. Michel Côté poursuit cette recherche inlassable où la parole et le geste s'accompagnent dans l'expérience matérielle d'un territoire tracé sur le sol.

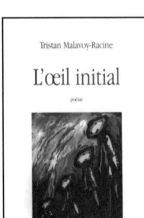

Tristan Malavoy-Racine
L'œil initial
poésie, 71 p., 16 $

Nos yeux sont obstrués. Nous sommes presque aveugles. Tant de visions y ont déposé leurs cendres. À travers une mosaïque de regards, celui de l'enfant rêveur, de l'homme amoureux, du gardien de phare, du vieillard et même du chat, le poète veut traduire les textures et les transparences du monde. Parce que la convergence des points de vue permet peut-être de recomposer le regard initial posé sur la vie et ses visages.

YEUX FERTILES

Dorothée Varèze
Chemins sans carrosses
Récits nomades et Nouvelles boomerang
Triptyque, 2000, 132 pages

Déjà les mots du titre séduisent. Ne renvoient-ils pas le lecteur à une sorte d'écart, un écartement, auquel feraient écho les pas dansants de la page couverture? Dans vingt-six courts récits, ne dépassant pas pour la plupart deux pages, et dans six nouvelles brèves, Dorothée Varèze en dévoile les nombreux visages, par petites touches, avec ironie, avec humour, sur fond de gravité toujours.

Si les courts récits explorent des situations-limites, au bord de l'anéantissement – sans autre issue que leur dissolution ou leur retournement – faisant pénétrer le lecteur dans des univers insolites proches du fantastique ou de l'onirique, les nouvelles leur donnent chair, leur donnent corps, dans des scènes «hyperréalistes» dont l'effet boomerang renvoie à la vie dans ce qu'elle a de plus quotidien, de plus prosaïque.

Tant dans les récits que dans les nouvelles, l'auteure choisit de regarder ce qui l'entoure avec une loupe, n'hésitant pas à se servir, dans les moments les plus inattendus, d'un zoom. Je relis les premières lignes du récit intitulé «Menace»:

> Rêver. Les montagnes ou la mer. Trop fort, trop vaste, trop haut, trop puissant.
> La menace de l'anéantissement éprouvée, on s'abandonne comme on s'habitue, si besoin est, à la présence d'un lion dans le jardin du voisin. Bien nourri – on surveille de loin, à la jumelle, l'exactitude des repas quotidiens, les quantités, la fréquence – il finirait presque par inspirer confiance.

La bascule opère. Elle le fera chaque fois. Par sa richesse de détails, la justesse de son trait, par le regard sans compromission qui l'anime, l'écriture de Dorothée Varèze n'est pas sans rappeler celle de Flannery O'Connor. Retrouvons quelques personnages: qu'il s'agisse d'une jeune fille pestant contre un travail d'été à la boutique de ses parents («Le tiroir-caisse»), d'un vieil homme pris au piège d'un sentiment de vengeance à l'endroit de sa femme («Au-delà de la grille»), d'une mère tentant de passer outre l'inquiétude qui la ronge à propos de son fils («La moto»), chacun, à sa manière, réveille une part d'ombre à peine enfouie en chacun de nous.

Sourd de ces pages un malaise, une sorte d'intranquillité étrangement familière que l'auteure étale au jour, nous force à regarder, comme s'il était dans notre nature de faire l'autruche et de s'enfouir la tête dans le sable pour ne pas voir, pour ignorer. Comment dire? Me reviennent des visages. Ils pourraient appartenir aux tableaux du peintre belge James Ensor. Visages à la bouche béante, aux yeux ahuris, pleins d'effroi, tout entiers ouverts sur une menace invisible aux yeux de qui les regarde. Non pas qu'il s'agisse de bouches hurlantes dans les textes qui se donnent à lire, mais surgit, à chaque détour, un écart, une béance justement, autour de laquelle un protagoniste le plus souvent ne cesse de tourner, et qui tord l'existence, contraint au déplacement, à la métamorphose, malgré lui, contre lui, et comme à notre insu: béance de l'opaque, du flou, de l'indéterminé dans lesquels le «je» s'égare, se dissout ou disparaît, béance du jeu complexe de comédies et de fausses apparences dans lesquelles un autre «je» se piège. Béance de la pensée. Béance de la langue. Ainsi donnée à voir, à entendre, elle renvoie à tout coup le lecteur à *la* question (n'englobe-t-elle pas toutes les autres?): comment se tenir dans l'incroyable de vivre? Mieux encore! Comment se tenir dans la béance du vivre?

L'art de l'auteure ne réside pas seulement dans les postures qu'elle débusque mais dans la façon dont celles-ci conquièrent l'adhésion du lecteur. Son talent est de nous les révéler avec une économie de moyens qui étonne, un jeu de figures contrastantes où l'immense, le lointain appellent l'infime, le proche; le fermé, l'ouvert; le ciselé, l'informe; le lourd, le léger; l'opaque, le transparent; l'aride, le verdoyant. Quelqu'un nous parle, nous rend complice, nous montre discrètement, comme par échappées, notre extrême fragilité, littéralement et dans tous les sens, et aussi, et surtout, l'imposture qui, à tout moment, guette. Et l'on en ressort avec un peu plus de présence à ce qui est, reconnaissons-le, une sorte de déficit de présence, une non-coïncidence.

Déposant le livre, laissant les figures aller leur chemin, on se surprend soudain, par un étrange effet de renversement, à aimer les écarts mis en scène, à s'en réjouir, pour leur lumière, pour l'espace de liberté qu'ils donnent.

Me reviennent les pas de danse de la page couverture… Et si toutes ces postures étaient une danse? Si elles étaient toute la danse? L'art de ce premier recueil de Dorothée Varèze réside dans ces échappées, nombreuses, protéiformes, qui donnent à voir autrement et mènent ailleurs… mine de rien. Qui est tout.

Michèle Pontbriand

Bianca Zagolin
Les nomades
L'Hexagone, 2001, 212 p.

> *Sa mort prochaine*
> *Rien ne la fait prévoir*
> *Dans le chant des cigales*
> Baschô

Le livre de Bianca Zagolin s'ouvre sur ce court texte en exergue qui suggère le motif essentiel du récit à venir. La beauté du temps des cigales a une durée limitée. L'harmonie rêvée ou vécue dans l'enfance se fragmente et les êtres doivent y renoncer progressivement. L'existence s'abreuve de vie, d'énergie, tout en préparant lentement son étiolement, sa mort. La réalité est faite d'un endroit et d'un envers, d'ombre et de lumière. Les couleurs brillantes de l'enfance doivent céder le pas au noir et blanc et à la véracité. C'est cet apprentissage que font les personnages du roman.

Philippe, l'enfant d'un clan de longue lignée, sera vite coupé de la source vive de ses émotions dans cet univers familial où l'on évolue en surface des choses, où la vérité des êtres se perd sous le masque discret de la bienséance et le sceau puissant du secret. Il cherchera en vain à découvrir les siens avant d'y renoncer et de s'en éloigner pour forger, à l'instar d'autres hommes de ce clan, sa légende personnelle. Adalie, pour sa part, voit très tôt se fissurer l'édifice de son enfance heureuse en Italie. La disparition des êtres chers constitue la faille où risque de s'engouffrer ses chances de bonheur. Cependant, sur la route de l'exil, elle luttera pour les préserver, aussi minces soient-elles. Après s'être sentie longtemps vivre en marge d'elle-même, elle se secouera pour se réapproprier sa vie, la faire ouvertement sienne, le payant de solitude, mais y gagnant la force que procure la fidélité à soi, à ses souvenirs, ses valeurs. Philippe optera pour la sécurité que lui offre le personnage qu'il se sera inventé. Il en perdra son authenticité au profit de la sécurité et de l'immuabilité qu'assure le secret des émotions bien gardées.

Dans sa lucidité, Adalie ne craint pas de puiser ses ressources tant de l'ombre que de la lumière. Elle jouit de la beauté du chant de la cigale malgré la mort prochaine de celle-ci, du souvenir de ses parents disparus malgré leur absence, du partage avec les souffrants malgré leur agonie. Elle plonge dans le réel alors que Philippe se déplace comme vêtu d'un scaphandre parfaitement étanche, conscient du choix de son indifférence. À l'image de Clara et d'Élizabeth-Marie, sa grand-mère et sa mère, les «duchesses», il pratique l'oubli et l'évitement. C'est précisément dans cette distance entre eux, imposée à Adalie devenue sa femme, que sombrera leur amour. Pour celle-ci, au contraire, il faut se rapprocher de tout, même de son «trou d'ombre». D'Aurore, sa mère, elle a retenu que «l'ombre donne du relief à la vie». L'illusion entretenue prolonge l'exil de soi. Le désir, lui, réduit l'écart à soi.

Si l'exil intérieur occupe le premier plan dans *Les nomades,* la mouvance comme telle y est aussi traitée. Philippe et sa tribu sont toujours prêts à quitter vers d'autres lieux où abriter leur secret. Adalie et sa famille laissent une maison puis l'autre en Italie avant d'émigrer au Canada par nécessité. S'ils se meuvent parfois de façon isolée, les nomades de Bianca Zagolin ne délaissent pas leur tribu dans la mesure où ils trimbalent les souvenirs des leurs et des lieux où ils ont vécu ensemble, des bonheurs ou des souffrances qu'ils y ont connus. Néanmoins, jamais la nostalgie ne s'installe pour de bon. Le passé fortifie Adalie et, s'il fait d'abord fuir Philippe vers le futur, il finit par lui permettre de consolider le personnage qu'il joue. Il ne s'agit donc pas d'un roman où l'exil porterait uniquement à la mélancolie, au regret du paradis perdu. Outre leur quête existentielle et la part de solitude qu'elle requiert, les deux protagonistes, évoluent aisément dans cette société nord-américaine où ils travaillent et côtoient des gens. Leur angoisse initiale de nomades privés de modèles ou de balises s'estompe à mesure qu'ils réaménagent leur rapport à la réalité. Le livre contient, par ailleurs, des portraits vifs et savoureux de ce nouveau décor, particulièrement celui de la vie à Vancouver telle que perçue par les «duchesses» à leur arrivée là-bas.

La force de ce roman réside dans la finesse de l'analyse des personnages qui se développe au fil des chapitres. Elle est juste et précise, d'autant que la narration traite en détails toutes choses. Les personnages demeurent cohérents et attachants jusqu'à la fin du texte. L'écriture est elle aussi fine et précise, sans toutefois réserver de surprise ou de mystère. À l'exception du prologue, le récit suit principalement une ligne chronologique, qui ajoute également à sa facture classique.

L'intérêt de la lecture est lié aux personnages et à leurs réactions suite aux dissonances de la vie, une fois le temps des cigales révolu.

Hélène Lépine

JEANNE D'ARC BLAIS
Clément et Olivine
(nouvelles cruelles d'une Gaspésienne)
Édition Trois, 1999, 171 p.

Dans son premier livre, Jeanne d'Arc Blais, qui a tout de même remporté un second prix au concours Hugo des loisirs littéraires du Québec en 1993, aborde des thèmes tels la misère morale et la souffrance. Le lecteur sera en mesure de constater que certains textes sont dérangeants du fait qu'ils intègrent des formes de violence, plus souvent morale et verbale. Le traitement de la sexualité est souvent associé à une forme de pouvoir, de domination, dont la femme fait souvent les frais. Incidemment, la nouvelle éponyme est celle qui est susceptible de remuer le plus le lecteur; elle raconte le destin d'une jeune femme qui est, d'une certaine façon, séquestrée par son mari (ou conjoint) qui en fait littéralement une esclave, l'empêchant de sortir, de voir les gens qu'elle aime et l'astreignant à des pratiques sexuelles illicites et dégradantes. À cet effet, l'auteure ne nous épargne pas les détails sordides qui sont toutefois justifiés par le fait qu'ils appuient bien le propos. On retrouve également une part de réflexion sur la liberté dans la conclusion du récit lorsque

Pablo, un ami de Clément, vient chercher Olivine chez elle pour la soustraire à l'influence du premier et lui redonner la possibilité de commencer une nouvelle vie, ce qui peut toutefois nous amener à nous interroger sur les choix à faire et la solitude qui peut en découler:

> La sœur de Pablo, Rita, lui expliqua rapidement la situation en la conduisant à sa maison de campagne.
> — Tu as tout dans cette maison: de l'argent pour quelques mois, des vêtements, de la bouffe.
> Pablo a dit:
> — Qu'elle décide de sa vie. Qu'elle oublie tout et recommence si elle veut. (p. 27)

La souffrance est rattachée autant à l'amour qu'à la famille. «La confiture de rhubarbe» aurait aussi bien pu s'intituler «Famille, je vous hais». Cette nouvelle raconte, par le biais d'une confidence qu'Éva fait à Catherine (une connaissance), une relation de haine que la première entretient avec sa mère, qui a tenté de l'empoisonner. Notons qu'un certain paradoxe marque le récit, le personnage principal étant tiraillé entre l'amour et la haine, tendance que par ailleurs on retrouve dans plus d'un récit.

L'auteure prend conscience des répercussions que la souffrance d'une personne peuvent avoir sur son entourage dans «Michael et Jeanne». Michael est toujours amoureux fou d'une amie de jeunesse qui ne l'a jamais payé de retour. Elle travaille et écrit maintenant pour un journal, dont elle semble être la directrice, et fait de la prostitution à l'occasion. Elle-même fut amoureuse de Luc, un cousin de Michael, qui la rejeta après s'être servie d'elle pour son initiation sexuelle. C'est peut-être le plus intéressant des récits en ce sens qu'il s'attarde plus que les autres à l'amour, même déçu. L'auteure ne donne pas vraiment d'orientation féministe à son écriture, se contentant d'explorer les contradictions et les blessures de l'être humain: la cruauté est autant attribuée à la femme qu'à l'homme.

Notons qu'il y a énormément de pessimisme dans certains textes où l'espoir est loin d'être une valeur dominante. Et la sexualité s'inscrit presque toujours dans un rapport de violence ou de domination. Mais ces faits sont largement compensés par des propos fort lucides et une écriture qui est tantôt évocatrice, tantôt revendicatrice.

Martin Thisdale

CLAUDINE PAQUET
Éclats de voix
Guy Saint-Jean éditeur, 2000, 122 p.

Ce recueil porte les signes d'une maturité d'écriture évidente et se caractérise par l'intensité avec laquelle Claudine Paquet explore et traite différentes émotions, tantôt euphoriques, tantôt malheureuses. Notons que les textes sont assez courts, ce qui est somme toute compatible avec la façon évocatrice et poétique avec laquelle elle façonne ces univers au demeurant fort diversifiés. Ses préoccupations concernent autant la famille et l'amour que le vieillissement. Elle porte un regard juste et lucide sur la banalité du quotidien, sur la difficulté de vivre et d'assumer les bonheurs comme les malheurs, mais également sur les désirs. Bref, cette diversification, dans les thématiques, donne une certaine nuance à l'ensemble du recueil et permet de faire surgir diverses problématiques, pas nécessairement axées sur l'apitoiement. Et la forme du monologue intérieur ne donne que plus d'intériorité à l'ensemble.

«Des mots condamnés» est l'une des nouvelles qui contribuent peut-être le mieux à définir le projet d'écriture, centré sur l'intérieur, que ce soit par rapport à la souffrance ou à la joie. Dans ce texte, qui tourne autour de la fin d'une thérapie, il est question de mots qui restent coincés à l'intérieur de la narratrice. C'est le texte qui, à mon sens, évoque le mieux la souffrance dans ce qu'elle a de plus intérieur. L'idée de la thérapie en soi était intéressante, d'autant plus que l'auteure évite habilement les clichés inhérents à ce thème, se concentrant sur le rapport problématique entre le sujet et le langage:

> *J'ai ligoté mes paroles. Je leur ai défendu de bouger, de sortir. Elles doivent rester cachées encore une heure. Mais son regard brûle les racines. Les chaînes éclatent et les mots, brutalement, frappent la table. [...] Comment faire le pont qui tiendra ensemble des mots condamnés?* (p. 18)

«Rencontre de famille» fait ressortir une thématique intéressante, familière à plusieurs: l'incommunicabilité qui marque les relations familiales, plus précisément dans le contexte des réunions de famille. C. Paquet sait bien dépeindre ce genre de réalité quotidienne sans sombrer dans le désabusement. Cette réflexion s'amalgame à une autre qui montre la solitude de l'artiste:

> *Entre leurs chiffres et leurs projets, il n'y a aucune place pour mes mots de musique. Il me faudrait la célébrité, peut-être, ou une preuve reconnue de mon talent. Dans la famille, l'art demeure entre parenthèses.* (p. 27)

Enfin, «L'éclat de verre» tourne lui aussi autour de l'incommunicabilité des mots qui n'arrivent pas à sortir à cause de la souffrance. Une femme a de la difficulté à communiquer avec son amoureux, entre autres en raison du décès de la mère de ce dernier. Pour briser la glace, soit dit sans jeu de mots, elle se met à fracasser des verres devant lui pour faire bouger les choses. Une certaine légèreté marque ce récit, qui ne manque tout de même pas de profondeur:

> *[...] Je lance un verre dans le salon, il s'émiette à la pointe de ses souliers.*
> *— Qu'est-ce que tu veux, bon sang?*
> *— Entendre le cri de ton silence, mon amour.*
> *— Qu'est-ce que tu veux dire?*
> *— Écouter les plaintes de ton cœur, l'écho du malaise qui te ronge, car je sais que tu souffres.*
> *[...] J'attends pour rien, je le sais.*
> *Je fais tout de même éclater un autre verre.* (p. 92)

Comme on peut le constater, Claudine Paquet joue sur plusieurs niveaux, ce qui confère un intérêt indéniable à l'ensemble du recueil. Sa force est de laisser les mots s'exprimer eux-mêmes en choisissant l'introspection et l'évocation, au détriment d'une prose plus corrosive. Tous ses textes proposent des visions du quotidien qui ne sombrent jamais dans la banalité. Un ouvrage qu'on prendra plaisir à relire!

Martin Thisdale

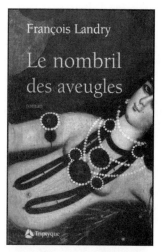

François Landry
Le nombril des aveugles
roman, 267 p., 22 $

Le nombril des aveugles est un roman éroti-co-exotique comme il en existe très peu et qui nous plonge dans l'univers symbolique complexe de l'hindouisme. Un jeune couple d'Européens en vacances débarquent en Inde et se voient rapidement entraînés dans une aventure plutôt périlleuse. Confrontés à toutes sortes d'épreuves à caractère sexuel, nos personnages devront lutter pour leur survie. Action, dépaysement et émotion garantis.

Monique Miville-Deschênes
Chansons de cours-nu-pieds
anthologie, 208 p., 22 $

Chanter, écrire, jouer. Aller aux framboises. Mettre au monde. Allaiter (un peu!). Rire. Pleurer. Admirer parfois quelques êtres. Plonger dans le grand fleuve. Rouler dans la neige. Vivre! Voilà des choses qui ne sont pas très pratiques et qui n'ont rien pour impressionner. Pourtant tout est impressionnant dans ce qui sort de la force de vivre. Et ma vie est un but compté sans aide. Voici les textes de quatre-vingts chansons, dont une dizaine accompagnées de leur transcription musicale.

Jean Forest
Psychanalyse littérature enseignement
À la recherche du scénario de l'aventure
essai, 260 p., 25 $

Cet ouvrage entend démontrer que la psychanalyse appliquée à la littérature est fort capable de donner la plus grande importance à l'enseignement de cette dernière, tout dévalué, méprisé même qu'il soit aujourd'hui dans nos écoles. Il prétend de plus que seul l'enseignement de la littérature pourrait dénouer la parole des élèves qui s'ennuient en classe de français, en rejoignant en eux précisément le désir lancinant de donner une direction à leur existence si énigmatique.

Joël Desrosiers
Métropolis Opéra suivi de **Tribu**
poésie, 192 p., 13 $

Joël Des Rosiers est né en 1951 aux Cayes (Haïti) et vit au Québec depuis l'âge de dix ans. Après des études de médecine à Strasbourg et de chirurgie à Montréal, il publie, en 1987, aux éditions Triptyque un premier recueil de poèmes, *Métopolis Opéra*. En 1990, paraît *Tribu*, finaliste au Prix du Gouverneur général du Canada, dans lequel la poésie devient tout à la fois passion des origines et origine de la passion. Suivront *Savanes* (1993), Prix d'excellence de Laval, *Théories Caraïbes* (1996), Prix de la Société des écrivains canadiens, section Montréal, et *Vétiver* (1999), finaliste au Prix du Gouverneur général du Canada, Grand Prix du livre de Montréal 1999 et Prix du Festival international de la poésie 2000.

Martin Manseau
J'aurais voulu être beau
et autres confessions, 144 p., 18 $

J'aurais voulu être beau propose quinze tableaux croqués sur le vif dans des instants d'urgence comme on en rencontre tous quand le vent tourne... Quinze fragments étroitement liés les uns aux autres puisque chacun d'eux constitue une étape à franchir, un morceau de ce casse-tête intérieur que l'on doit rapiécer si l'on veut tenir le coup... Un parcours singulier, de l'amour au désespoir, du rêve à la désillusion, de l'amitié aux trahisons, des questionnements intenses aux réponses inquiétantes...

Geneviève Robitaille
Mes jours sont vos heures
récit, 116 p., 17 $

Mes jours sont vos heures est un legs à Marianne. Je veux offrir à cette petite enfant ce que j'ai de plus précieux. Des regards. Comment léguer des vies? des souvenirs d'amitié? Comment ne pas perdre ce que je construis dans ma tête au quotidien? Un quotidien qui m'édifie sur des deuils au jour le jour? Un quotidien rempli de ces éclats de temps que l'on me lègue à mon tour? Par Marianne, j'ai trouvé comment ne pas laisser mourir les vies en moi. G. R.

Marc Ménard
Itinérances
roman, 245 p., 20 $

Daniel a depuis longtemps oublié ses rêves et fantasmes de jeunesse. Il vaque d'un petit boulot à l'autre, n'aspirant plus qu'à une vie sans soucis et surtout sans illusions. Judith, elle, demeure attachée à ses rêves et bien décidée à tout faire pour qu'ils se réalisent enfin. Roman de la précarité financière et sentimentale porté par un ton doux-amer et un rythme enveloppant, *Itinérances* nous entraîne dans l'histoire de ce jeune couple qui, surnageant en toute lucidité entre un présent insatisfaisant et un avenir qui n'offre que peu d'issues, refuse de baisser les bras.

Monique Le Maner
Ma chère Margot,
roman, 192 p., 18 $

Dominique écrit à son amie Margot après des années de silence. Très vite, une certaine fin d'après-midi est évoquée par des sous-entendus de plus en plus accusateurs. Une fin d'après-midi dramatique où, au début de leur adolescence, dans le sentier qu'elles empruntaient pour revenir de l'école, leur amie Crabe a été retrouvée étranglée... Qui l'a tuée ? Doudou le sait. Margot aussi.

Nando Michaud
Un pied dans l'hécatombe
roman, 241 p., 18 $

Journaliste à *La Leçon*, calembourgeois incurable, obsédé sexuel léger, François Langlois est envoyé en mission à Québec pour couvrir le carnaval. À la suite d'une beuverie en compagnie de son copain Walter Hégault, il tombe dans un sac d'embrouilles profond comme la bêtise humaine. Mais ce n'est que la pointe du Palais de glace : les cavaliers de l'Apocalypse – rien de moins ! – menacent la capitale.

François Lavallée
Le tout est de ne pas le dire
et autres nouvelles, 173 p., 18 $

Un homme qui meurt du cancer au seuil de la retraite a-t-il plus vécu qu'une jeune fille de dix-sept ans qui se suicide pour une histoire d'amour? Y a-t-il forcément un dominant et un dominé dans le mariage? Peut-on se libérer du tourbillon incessant des jours qui s'enchaînent – et nous enchaînent – sans se sentir coupable? Certains récits de ce recueil nous parlent directement de la vie quotidienne, d'autres ont une saveur plus fantastique, voire symbolique. Mais tous nous parlent de la vie telle qu'elle existe... du moins dans la tête et au plus profond du cœur de quelqu'un.

Carmen Strano
Les jours de lumière
roman, 248 p., 18 $

Roumi vit seule, dans le calme, amoureuse. Pourtant, dès qu'elle pose les yeux sur Raoul, un artiste peintre, elle éprouve pour lui un attrait irrésistible. Être complexe, il se dit perdu dans le temps. Tout aussi épris d'elle, il va arracher Roumi à sa vie et la mener sur des sentiers inconnus où se déploient de vertigineuses perspectives. Jusqu'à ce qu'il recule et perde tout désir... À quelle barrière se heurte-t-il?

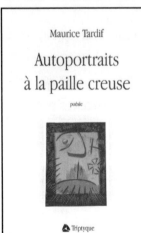

Maurice Tardif
Autoportraits à la paille creuse
poésie, 148 p., 18 $

Ces *Autoportraits à la paille creuse* ne dessinent d'aucune manière une échappatoire. Ils s'enfoncent au contraire délibérément au cœur du tumulte, marchant dans l'inextricable où voltigent des dépouilles angéliques et d'ardus vivants nourris de l'amer intérieur. Pour le lecteur, il s'agit tout simplement de se laisser conduire vers la nuit émanante que l'auteur s'efforce d'éclairer çà et là des lueurs de sa propre et suffocante agonie orale.

MŒBIUS

Tarifs d'abonnement (taxes incluses)

4 numéros / année

Individu:	au Canada	1 an: 30 $	2 ans: 55 $
	à l'étranger	1 an: 50 $	2 ans: 95 $
Institution:	au Canada	1 an: 55 $	2 ans: 100 $
	à l'étranger	1 an: 90 $	2 ans: 170 $

La collection complète (environ 85 numéros):
- au Canada   individu: 200 $
                institution: 250 $
- à l'étranger   individu: 225 $
                institution: 275 $

La collection complète et un abonnement d'un an:
- au Canada   individu: 225 $
                institution: 300 $
- à l'étranger   individu: 265 $
                institution: 360 $

Adressez votre chèque ou mandat-poste au nom de:

MŒBIUS
2200, rue Marie-Anne Est
Montréal (Québec)
H2H 1N1
Tél. et téléc.: (514) 597-1666
Courriel: triptyque@editiontriptyque.com
Site Web: www.generation.net/tripty

Nom ————————————————————————

Adresse————————————————————————

———————————————————— Tél. : ————————

Je m'abonne à partir du numéro ————

Je désire recevoir la collection complète   ❏

Je désire recevoir la collection complète
et un abonnement d'un an   ❏